/ 100位

为新中国成立作出突出贡献的英雄模范人物/

邓恩铭

闫勋才/编著

吉林文史出版社

图书在版编目（CIP）数据

邓恩铭 / 闫勋才编著. -- 长春 : 吉林文史出版社,
2011.4（2022.4重印）
（100位为新中国成立作出突出贡献的英雄模范人物）
ISBN 978-7-5472-0513-6

Ⅰ. ①邓… Ⅱ. ①闫… Ⅲ. ①邓恩铭（1901～1931）－
生平事迹 Ⅳ. ①K827=6

中国版本图书馆CIP数据核字(2011)第050267号

邓恩铭

DENGENMING

编著/ 闫勋才
选题策划/ 王尔立　责任编辑/ 王尔立
装帧设计/ 韩璘
出版发行/ 吉林文史出版社
地址/ 长春市福祉大路5788号　邮编/ 130118
电话/ 0431-81629363　传真/ 0431-86037589
印刷/ 天津海德伟业印务有限公司
版次/ 2011年4月第1版 2022年4月第6次印刷
开本/ 640mm×920mm　1/16
印张/ 9　字数/ 100千
书号/ ISBN 978-7-5472-0513-6
定价/ 29.80元

《100位为新中国成立作出突出贡献的英雄模范人物》丛书

/ 100 位

为新中国成立作出突出贡献的英雄模范人物/

八女投江　于化虎　小叶丹　马本斋　马立训　方志敏
毛泽民　毛泽覃　王尔琢　王尽美　王克勤　王若飞
邓　萍　邓中夏　邓恩铭　韦拔群　冯　平　卢德铭
叶　挺　叶成焕　左　权　诺尔曼·白求恩　任常伦
关向应　刘老庄连　刘伯坚　刘志丹　刘胡兰　吉鸿昌
向警予　寻淮洲　戎冠秀　朱　瑞　江上青　江竹筠
许继慎　阮啸仙　何叔衡　佟麟阁　吴运铎　吴焕先
张太雷　张自忠　张学良　张思德　旷继勋　李　白
李　林　李大钊　李公朴　李兆麟　李硕勋　杨　殷
杨子荣　杨开慧　杨虎城　杨靖宇　杨闇公　萧楚女
苏兆征　邹韬奋　陈延年　陈树湘　陈嘉庚　陈潭秋
冼星海　周文雍、陈铁军夫妇　周逸群　明德英　林祥谦
罗亦农　罗忠毅　罗炳辉　郑律成　恽代英　段德昌
贺　英　赵一曼　赵世炎　赵尚志　赵博生　赵登禹
闻一多　埃德加·斯诺　夏明翰　格里戈里·库里申科
狼牙山五壮士　聂　耳　郭俊卿　钱壮飞　黄公略
彭　湃　彭雪枫　董存瑞　董振堂　谢子长　鲁　迅
蔡和森　戴安澜　瞿秋白

前言

每个人的心中都多少有一点英雄情结，都向往英雄、景仰英雄。也正因此，在中华人民共和国建国六十周年之际，由中央十一部委联合组织开展的“100位为新中国成立作出突出贡献的英雄模范人物和100位新中国成立以来感动中国人物”的评选活动中，群众参与投票总数近一亿。这其中的每一张选票，都表达了人们对英雄模范的崇敬之情，寄托着对伟大祖国的美好祝福。

一个民族不能没有英雄，否则这个民族就不会强大。当国家危难之时，懦弱者选择了逃避、妥协甚至投降，英雄们却挺身而出，用热血捍卫民族的尊严，人民的幸福。在创立和建设新中国的伟大历程中，涌现出无数可歌可泣的英雄模范人物。他们之中，有为了民族独立和人民解放而英勇牺牲的革命先烈，有为了党和人民的事业而不懈奋斗的优秀共产党员，有在全民族抗战中顽强奋战、为国捐躯的爱国将士，有英勇杀敌的战斗英雄和革命群众，有积极从事进步活动的著名民主爱国人士和国际友人……他们是民族的脊梁、祖国的骄傲，是激励全体人民团结奋斗的精神力量。

《100位为新中国成立作出突出贡献的英雄模范人物传记》丛书，就像一部星光璀璨的英雄谱，真实、完整地记录了英雄模范人物不平凡的一生，再现了他们非凡的人格魅力和精神世界。“头颅可断腹可剖”的铁血将军杨靖宇，“毫不利己，专门利人”的白求恩，“抗战军人之魂”张自忠，“砍头不要紧”的夏明翰，“俯首甘为孺子牛”的文化斗士鲁迅……一串串闪光的名字，一个个动人的故事，犹如群星闪烁，光耀中华。

如今，战火已熄，硝烟已散，英雄已逝，我们沐浴在和平的幸福之中。在和平年代，人们不会忘记为今日的和平浴血奋战的英雄们，英雄的故事永远不会结束。让我们用英雄的故事唤醒我们心中的激情，为中华民族的伟大复兴而奋斗。

生平简介

邓恩铭(1901–1931),男,水族,贵州省荔波县人,中共党员。

邓恩铭1918年考入济南省立第一中学。五四运动爆发后,积极响应北京学生爱国运动,被选为学生自治会领导人兼出版部部长,组织学生参加罢课运动。1920年11月,他与王尽美等组织励新学会,介绍俄国十月革命。1921年春,发起建立济南的共产党早期组织。同年7月,与王尽美代表山东共产党早期组织,赴上海出席中国共产党第一次全国代表大会。会后回济南建立中共山东区支部,任支部委员。1922年1月,赴莫斯科参加远东各国共产党和民族革命团体第一次代表大会,受到列宁的亲切接见。7月参加中共第二次全国代表大会。同年底,赴青岛,创建党组织,先后任中共直属青岛支部书记、中共青岛市委书记。大革命时期,先后领导胶济铁路工人大罢工和青岛全市工人大罢工,组织成立青岛市各界联合会和市总工会。1927年4月,赴武汉出席中共第五次全国代表大会,回山东后,任中共山东省执行委员会书记。大革命失败后,辗转山东各地,领导党组织开展斗争。八七会议后,任山东省委委员。1928年春任青岛市委书记。1928年12月,在济南被捕。在监狱中,领导其他党员组织越狱斗争。1931年4月英勇就义。

1901-1931

[DENGENMING]

◀ 邓恩铭

目录 MULU

一座丰碑(代序)

中国共产党的成立，是开天辟地的大事！

诚如伟人所言，中国共产党改变了20世纪中华民族的走向，并极大地影响了当代世界史。

在开天辟地的13人中有一位特殊的人物，那就是邓恩铭！最年轻的一位，年仅20岁，唯一的少数民族，水族。唯一的学生，中学生。

这次大会讨论制定了中国共产党的第一个纲领，通过了关于党的工作决议，选举了党的中央机关，宣告了中国共产党的成立。水族优秀青年邓恩铭作为中国共产党的创始人之一，其名字也被载入了史册。

1917年8月，邓恩铭沿着崎岖的山路走出了贵州，从此踏上了革命的道路。

君问归期未有期，回首乡关甚依依。

春雷一声震天地，捷报频传是归期。

他在这首诗中直抒胸臆，一位意气风发的少年，开始了"路漫漫其修远兮，吾将上下而求索"的革命道路。

在济南求学期间，邓恩铭开始阅读《新青年》、《新潮》和北京大学日刊，逐渐走上革命道路。1919年五四运动爆发后，邓恩铭被推举为济南一中学生自治会负责人兼出版部部长，主编校报，组织学生参加罢课运动，成为山东颇有影响的学生领袖之一。

五四运动开始后，他拿起宣传这一有力的武器，和王尽美等人在励新学会的基础上，团结一批初步信仰马克思主义的青年，在济南教育会门口挂出了“马克思学说研究会”的牌子。邓恩铭还在报刊上发表《灾民的我见》和《济南女校概况》等文章，号召大家“要有彻底的觉悟”，公开向封建制度进攻。并在马克思学说研究会基础上，秘密成立了山东共产主义小组。

此后，他辗转山东各地开展工人运动，邓恩铭先后领导了胶济铁路工人大罢工和青岛纱厂工人大罢工，影响甚广，震惊中外。

1928 年 12 月，邓恩铭因叛徒出卖被捕。在狱中，他遭受了酷刑的摧残折磨，他的痼疾也在此时复发，但他咬住牙关，在狱中领导了两次绝食斗争和两次越狱斗争，使部分狱友得以逃脱。

在狱中，他一直用“黄伯云”之名，其中共山东省委书记的身份直到 1930 年才被国民党当局识破。邓恩铭自知余日不多，在给母亲的最后一封家书中留下一首绝命诗：

卅一年华转瞬间，壮志未酬奈何天；

不惜惟我身先死，后继频频慰九泉。

1931 年 4 月 5 日清晨，国民党地方当局在济南纬八路刑场将邓恩铭杀害。这位年仅 30 岁的水族青年，把年轻的生命献给了伟大的共产主义事业。

1961 年，董必武曾在一首诗中怀念王尽美和邓恩铭这两位一起战斗过的中共一大代表：

四十年前会上逢，南湖舟泛语从容。

济南名士知多少，君与恩铭不老松。

邓恩铭的精神融化在山与海之中，他是山中的青松，海中的灯塔，人民心中的丰碑。

才华出众水家娃

（1901—1917）

一 出生水乡

☆☆☆☆☆

（0–6 岁）

在贵州南部，有一片美丽广袤的山区——国家级樟江风景名胜区、国家级茂兰喀斯特原始森林自然保护区，清澈湍急的樟江从这里层峦叠翠的丛山中奔流南下，成为地球上同纬度最为璀璨的绿腰带。这里就是贵州省荔波县。1957 年之前，荔波是水族的聚居区。水族和布依族、瑶族、苗族、汉族在这里共同生活，和睦相处。荔波人杰地灵，水族人民优秀儿郎邓恩铭就诞生在这片美丽而富于传奇的土地上。

在荔波县城东北 40 华里处，有一个水族聚居的村寨——水浦（水堡）。水浦村有三个小寨子，其中有个板本寨，寨名是水语的音译，本义为水井寨。这里居住着几户邓姓

▷ 邓恩铭故居

的水族人家。

1901 年1月5日中午（清光绪二十六年冬月十五日），阳光照射着水浦村的板本寨。从茅草房里传出一阵婴儿降生的啼哭声。一个脸上布满皱纹的中年人，站在院落里，双手合在胸前：

“谢天谢地，我邓家总算有后代了……”

一位穿着水族服装的老太婆走过来，叫着他的名字：“柏巨，给孙崽取个名字吧！”

他是这个家庭中的长子，出生后不哭不闹，闪闪的眸子，十分惹人喜爱。家中的长辈们都很高兴，便给他取了个乳名叫“老乖”。

水族是人数甚少的少数民族。据 1957 年统计，中国的水族只有十六万余人，聚居于贵州三都、荔波、榕江、从江、都匀、独山一带。水族语属汉藏语系壮侗语族侗水语支。邓恩铭的祖上原来是汉族，是从广东的嘉应府（今广东梅县）迁至荔波县的，到邓恩铭的父亲邓国琮那一辈，邓家已在荔波县水族人聚居地居住长达一百三十多年，早已成了水族的一员了。

邓恩铭出生时，邓家已是祖孙三代八口人的大家庭，但全家只有三间茅草房、二亩农田。为了糊口，懂点医术的祖父邓锦庭与父亲邓国琮常去深山老林采些药材，然后到集镇上卖掉，偶尔也帮助人家看病，后来，邓家就干脆在荔波县城租房行医。1905 年，为躲避乡间匪患，邓恩铭兄妹六人随父母迁到荔波县城居住。为了生存，邓家与亲戚合开了“双合号”小铺，经营中药材兼营糖果等杂货，祖母也每天到街上去卖自制的酸菜，母亲则做布鞋出售，后来又改做生豆芽、磨豆腐的生意。

每天晚上，个子矮小的母亲都要悄悄地溜下床，到堂屋里磨豆腐，第二天清晨担到街上去卖。有一天，老乖问妈妈：

“妈，你为什么晚上不睡觉？”

母亲不愿过早地让他知道世道的艰辛，只是骗他说：“觉少，睡不着。”

看到母亲眼里布满的血丝，他多少明白了一些，从那天开始，邓恩铭经常在天不亮时起床帮助大人磨豆腐，天亮后陪同母亲赶早市卖豆腐。

邓恩铭的幼年和少年，就是在水浦与县城荔波度过的。

聪明孩童

☆☆☆☆☆

（6–16 岁）

邓恩铭在兄弟中居长，且聪明伶俐。

邓恩铭的父亲邓国琮饱尝了生活的艰辛，念念不忘“万般皆下品，唯有读书高”的古训。他对邓恩铭寄予了厚望，省吃俭用也要让儿子读书，期望他将来能脱离苦海成就一番事业。

1907 年，6 岁的邓恩铭被父母送进县城蒙旦初先生开办的私塾馆学习。蒙老先生是著名学者，执教甚严，给学生布置的作业如不能按时背诵与抄写，就要挨打板子的责罚。邓恩铭聪敏好学，进入私塾的四年间，每次背诵诗文都是流利通过，从未挨过竹板的责罚。因此，赢得了先生的赞赏和同学们的尊敬。

在私塾里他系统地学习了《三字经》、《百家姓》和四书五经。

“水家的山歌唱不完，夜连夜来天连天。”水族是一个喜爱唱歌的民族，随编随唱，邓恩铭从小说水族话，唱水族山歌。

邓恩铭的奶奶是水族歌手，教他学会一支又一支水族山歌：

砍柴一刀刀，担柴一挑挑。

谁知一餐饭，多少眼泪抛。

如此朗朗上口的水族山歌，绝不亚于唐朝诗人李绅那首“谁知盘中餐，粒粒皆辛苦”。邓恩铭从小在这些水族山歌的熏陶下，懂得了人世间最质朴的爱与憎。

清代咸丰、同治年间，水族英雄潘新简就以荔波为中心开展了18年的抗清起义斗争。民间流传着很多关于他抗清故事的歌谣。在这些水歌中，潘新简的高大形象，在邓恩铭少年的心灵中留下极为深刻的印象，同时，在他的心灵深处孕育着反抗暴政的革命种子。后来，邓恩铭奔赴山东求学，接受了马克思主义思想和五四运动的爱国思想教育之后，挥墨写下纪念潘新简的著名诗篇：

潘王新简应该称，水有源头树有根。

只为清廷政腐败，英雄起义救民生。

但是，清政府对潘新简恨之入骨，《清实录》斥之为“逆匪”、“逆首”、“苗匪”、“贼匪”。邓恩铭对潘新简的了解和爱戴，是他少年时代从民族文化肥沃的土壤中吸取养分的结果。

1911年10月中旬，辛亥革命起义成功的消息传遍了荔波县城。辛亥革命给这个偏僻的县城带来了一些新的变化，男人们剪去了辫子。不久，在南大街文昌宫里办起了一所高等小学——

荔泉书院。

邓恩铭又进了荔波县立初等小学学习，在学校里他是最有名的歌童，并开始自己创作儿歌，比如：

下大雨，涨大河，
大水淹到白岩脚，
掩住龙脑壳，
鲤鱼虾子跑不脱。

充满了童趣与机智。

▷ 邓恩铭母校荔泉书院

辛亥革命爆发，推翻了清王朝的封建统治。邓恩铭天真地认为建立共和国后，各族人民从此将会得到自由与幸福。但是，他亲眼看到辛亥革命之后的荔波县仍维持原状，劳动人民依旧受苦受难，那些原先压榨人民的豪绅官吏，仍然保有特权。为此，他不禁满怀悲愤地编了这样一首歌：

种田之人吃不饱，
纺纱之人穿不好，
坐轿之人唱高调，
抬轿之人满地跑。

作为一个10岁的孩童，能有如此的深沉忧虑和敏捷思维，确实是难能可贵的。

少年时代对邓恩铭影响较大的因素有二：一是家搬到县城后，药铺就在黔桂商道旁边，山外来客带来很多信息，辛亥革命、袁世凯丧权辱国的“二十一条”、反帝反封建思潮都陆续传入荔波，让他了解到山外世界发生的大事。二是对他影响最大的人，就是他的老师高树楠。1904年，高树楠东渡日本就学于东京弘学院，专修高等理化和师范速成科，研究日本文学和韩语，著有十余万字的《留学随笔》，他曾在荔波高等小学任教，即现在的玉屏一小（荔泉书院）。这位荔波历史上留学国外第一人所带来的海外信息，对邓恩铭的影响是不可低估的，他让邓恩铭第一次放眼看到了海外世界发生的大事。

有一次上历史课，高树楠老师讲到帝国主义对我国侵略时，怀着沉痛的心情，以低沉的声音说道：“世界大战爆发时，日本帝国主义借口对德宣战，强占了我国的青岛，至今还没有收回……”

邓恩铭突然从座位上站起来，情绪激昂地说：“老师！为什么不把帝国主义赶走，收回青岛？”

同学们都大吃一惊，担心他这种莽撞、无礼的行动会受到老师的严厉责备。

学生们转过头来，吃惊地望着这个长着两道浓眉毛的同学。

高老师理解邓恩铭发自内心抑制不住的爱国激情，和蔼地叫他坐下，耐心地向同学们讲解军阀政府勾结帝国主义、出卖国家主权的卑劣行径，使邓恩铭懂得了封建王朝虽然已推翻，但革命尚未成功。

1915 年，邓恩铭 15 岁，所学的知识随年龄增长逐步增加。这一年，袁世凯复辟帝制，为了取得日本帝国主义的支持，不惜出卖国家主权，签订了耻辱的“二十一条”卖国条约。全国顿时掀起了一场反袁斗争浪潮。消息传到荔波，小城震惊，群情激愤。高树楠老师立即带领学生走上街头向群众演讲，揭露日本帝国主义的侵略野心和袁世凯的卖国罪行，发动群众抵制日货，以实

际行动反对日本帝国主义。邓恩铭参加了演讲行列。他在一次演讲中说："抵制日货要全国一致，上下一心，希望那些当官的和财主们应该首先拿出爱国行动来，在你们的餐桌上、宴席上取消海参、海带（当时从日本进口）。"他还将自己穿的一双东洋袜子当众烧毁，邓恩铭积极加入到抵制日货及反封建演讲的行列之中。这是邓恩铭第一次参加革命斗争活动，他少年的心灵里埋下了"国家兴亡，匹夫有责"的种子。

邓恩铭非常崇拜历史上的英雄人物，如岳飞、文天祥等，希望在自己的人生道路上效仿他们，他曾在一首诗中抒发了自己的感想：

甲午战役丧海军，辛亥革命推满清；
沟通外国那拉氏，直捣皇陵李自成。

辛亥革命之后，贵州省仍处于地方军阀轮番统治之下。官、兵、匪的轮番骚扰掠夺，使各族人民陷于水深火热之中。高小快要毕业了，此时，邓家的日子愈发艰难了，看来邓恩铭也不可能再去更高一级的学校深造了，为此他痛苦不堪。面对着这样的社会现实，邓恩铭经常思索，这是什么原因？怎样才能使社会安宁，人民安居乐业呢？教师和教科书都不能给他满意的答案。荔波毕竟是地处边远的小县，没有更多新鲜的书籍可读。于是，强烈的求知欲促使邓恩铭暗暗地下决心：到外地去求学，去领略更为广阔的世界，去探索更为深奥的知识。无奈之下，他给远在山东做县官的叔父黄泽沛写信求助。

男儿立志出乡关

（1917—1921）

一 萌愿读书救国

☆☆☆☆☆

（17–18 岁）

黄泽沛是前清进士。他其实也姓邓，又名黄云从。黄泽沛的父亲邓锦臣与邓恩铭的祖父邓锦庭是亲兄弟，由于邓锦臣过继给了姑母家，就改姑丈的姓黄姓，然而他并没有忘记邓氏祖宗，儿子黄泽沛又名邓国瑾，在“国”字辈中排行老二，所以邓恩铭又称黄泽沛为“二叔”，黄泽沛的儿子黄幼云称邓恩铭为“大哥”，邓恩铭曾一段时间内用名黄伯云。黄泽沛接到侄儿的来信后，就在 1917 年秋，邓恩铭高小临近毕业时，给邓恩铭写了一封回信，表示支持他继续求学，从此改变了邓恩铭的人生轨迹。

邓恩铭虽然个头不高，但长得结实。两道浓黑的眉毛下，藏着一双深沉的眼睛，厚实的嘴唇经常紧闭着。

去山东读书的大事确定之后，外出的日期也一天天地近了。一旦离开土生土长的家乡，他又感到依依不舍。邓恩铭怀着兴奋的心情去向同窗好友辞行告别。有的同学认为世道不平静，何必奔波千里去求学呢？好意地劝导他不必冒险远去他乡求学。但邓恩铭矢志不移，并借用日本人西乡隆盛的一首诗表达了自己的决心：

男儿立志出乡关。学业不成誓不还。

埋骨何须桑梓地，人间到处是青山。

当时，一个同学怀着依依不舍的心情，询问邓恩铭何时才能回归故乡。邓恩铭笑答之后，当即挥毫写诗抒发自己的志向：

君问归期未有期，回首乡关甚依依。

春雷一声震天地，捷报频传是归期。

一天，他带着两个弟弟恩荣和恩光登上北山，走到号称“荔波八景”之一的“梨井春光”处，想到自己要到北方读书，可以寻求救国救民的真理，心情十分开朗，在梨树下坐在水井坎边提笔写道：

抬头望家园，河山依然，背井离乡，鹏程远大。改造旧面貌，我着先鞭。

眼见家乡的贫穷，政治的腐败，国家受帝国主义列强的侮辱，在离开家乡时，邓恩铭咏诗向同学、亲友辞行：

赤日炎炎辞荔城，前途茫茫事无分。

男儿立下钢铁志，国计民生焕然新。

表达了他寻求真理、救国救民的伟大志向。邓恩铭怀着满腔的激情与憧憬，离别家乡，奔赴山东。想不到，这一走他再也没有回到故里，这竟是他在家乡土地上所作的最后一首诗作。

金秋十月，邓恩铭满怀喜悦的心情，带着对未来的美好向往踏上了新的征途。

自荔波出关，就是著名的黎明关——古时黔桂交通要道上的一道关卡（在清朝乃至更久的时候，没有公路交通，两省的交往、政治、文化都是通过这条路来沟通）。然后他弃陆行舟，在三合大码头雇船顺都柳江而下，过榕江、从江至广西柳州启岸，经梧州、香港、上海、南京，再坐津浦铁路火车经江苏、安徽，水陆兼程辗转一个多月于 9 月到达济南。

1918 年，邓恩铭以优异的考试成绩被山东省立一中录取，编在第九班学习。二叔黄泽沛看到邓恩铭自幼勤奋好学，天资聪慧，是可造之才，把光耀邓氏门庭的深切厚望寄托在他的身上。

他不喜欢自己的儿子，对邓恩铭却十分器重，每次回家都要给些零花钱，不是叫他买衣服就是买鞋。可是，邓恩铭只穿学校发的统一制服，省下的钱都买书了。

于是，黄泽沛不惜花 400 元巨款，给邓恩铭买了一套《四库全书》，叮嘱他要刻苦攻读，将来能出人头地，光宗耀祖。邓恩铭如鱼得水，常常秉烛夜读，通宵达旦。

邓恩铭为了集中精力学好功课和锻炼独立的生活能力，向二叔请求，搬到学校寄宿，专心致志地投入到紧张的学习中。

这时的山东正处于北洋军阀的统治之下。由于军阀政府的腐败无能，帝国主义对山东的侵略和掠夺不断加剧。在济南邓恩铭耳闻目睹了日本帝国主义者耀武扬威、飞扬跋扈的行径，他不时回想起在荔波时高老师上的那堂历史课，一股爱国的激情在他心中涌动。他想：如果国家尚不能保全，一家门庭的光大又有何用？读书不能为了一人一家，而首先是为了救国。他暗暗地下定了决心，要发愤读书，将来投身挽救国家和民族危亡的斗争。

那时，俄国十月革命胜利的消息传到了山东，给山东人民的反帝斗争以极大的鼓舞。学校开设了“国耻课”，使同学们了解自鸦片战争以来的耻辱国史。1918 年 10 月，山东要求收回青岛和一切丧失的权益。这一革命举动，在济南各学校间影响颇大。邓恩铭所在的省立一中也参加了这些活动，邓恩铭更是一名活跃分子，散发传单、演讲会等许多活动中都常常看到他的身影。经过这些反帝斗争活动的锻炼，邓恩铭内心里爱国热情更加高涨，也更加坚定了他读书救国的信念。

投身反帝洪流

☆☆☆☆☆

（19岁）

1918年11月，第一次世界大战终于以协约国战胜同盟国而宣告结束。中国属于参战的战胜国之一。各界人士都满怀希望地期待着利用战胜国的权利，收回我国丧失的主权，特别是收回战败国德国、日本等在山东的一切权益。可是，1919年1月，在法国巴黎召开的“巴黎和会”却让国人大失所望。这次会议在英、美、法、日等帝国主义把持下，根本无视中国人民的要求，竟悍然决定将德国在山东的权益交由日本继承，而北洋军阀政府参加“巴黎和会”的代表，竟屈从于帝国主义的压力，准备在这份条约上签字。消息传到国内，举国震怒，反帝反卖国运动迅速在全国各地开展起来。

山东济南首先爆发了一场声势浩大的反帝反封建群众运动，抗议帝国主义侵略及北洋军阀政府的卖国罪行。4月开始，山东各界人士在济南举行各种抗议及请愿活动，一致表示要“万众同仇”，为收回主权“誓与力争，义无反顾”。

北洋军阀政府的卖国行径，激起了北京青年学生和广大群众的愤怒反抗，轰轰烈烈的五四爱国运动爆发了。

5月5日，消息传到济南，邓恩铭及一些受革命思想影响的爱国师生，立即奔走相告，积极投入反帝反封建的洪流。邓恩铭与济南第一师范学校学生王尽美等人，组织济中和济师、正谊中

△ 济南省立一中

学、济南女师、齐鲁大学等校学生，高举“外争国权，内惩国贼”的旗帜，走上街头，游行示威。高呼“反对二十一条”“打倒帝国主义！打倒军阀！”“收回山东的权利”等口号，支援北京青年学生的爱国运动。

5月7日，山东省各界在济南召开“国耻纪念大会”，邓恩铭带领省立济中学生参加了大会，会上，该校学生张兴三咬破手指血书“良心救国”四个大字，表达了山东人民对日本等帝国主义的痛恨。

5月11日，山东省立第一中学学生自治会成立，邓恩铭由于积极领导学生爱国运动，深为广大学生所拥护，被选为学生自治会负责人兼出版部部长。当时，学生会出版部就有37人，人多势众，力量雄厚，成为宣传革命的重要部门。

这个时候他认识了许多思想进步的青年，在省立第一师范读书的王尽美成为他最要好的朋友。

5月24日，根据学联决议，全校学生举行了罢课。反动军阀的走狗、山东济南镇守使马良，卖国求荣，谄媚日本帝国主义，对济南地区如火如荼的群众爱国运动，进行了疯狂的镇压和封锁。

6月10日，邓恩铭带领罢课学生冲破了反动军警的封锁，组成“十人团”（即十个学生为一组）到街头进行演讲，散发传单，宣传抵制日货，检查和封禁店铺中的日货。由于全国青年学生和各界人民的斗争，终于迫使北洋军阀政府的代表拒绝在丧权辱国的巴黎和约上签字，取得了五四爱国运动的胜利。

邓恩铭是学生运动中的活跃分子。他与省立一中同学积极参加了这些革命活动，宣传罢市，查禁日货，参加包围日本领事馆的行动，迫使日本领事馆将逮捕学生释放。为了打击日本帝国主义分子与山东当局相互勾结破坏革命运动的罪行，王尽美、邓恩铭积极奔走串联，组织了数千群众，于7月21日捣毁了公然诋毁爱国运动、为帝国主义效劳的《昌言报》报社，打击了敌人的嚣张气焰。

1919年12月末，根据学联的统一安排，省立一中学生自治会在济南大明湖东岸贺胜戏场街的“大舞台”剧场,演出学生自编自演的爱国剧《惩办卖国贼》。当演员们正在化妆时，反动军警突然包围剧场，勒令停演，与学生发生冲突，打伤学生，砸毁桌凳，引起群众极大愤慨。邓恩铭等学生自治会领导成员,立即联合“教职员联合会”、“小学联合会”及社会各界人士，多方抗议军警暴行，至1920年1月，终于迫使当局向学生道歉并赔偿了损失。

通过这些活动，邓恩铭心中“读书救国”的信念开始动摇了。他开始认识到：在国家和民族危亡的关头，仅仅读书掌握知识，还不足以救国。

目前，救国才是当务之急，只有发动、组织群众向帝国主义及其仆从进行坚决的斗争，才是救国的唯一途径。此后，邓恩铭对各类的爱国活动更加踊跃参加。同时，他的思想也获得了一次新的飞跃，他开始主动地去寻求、探索组织广大群众持久地进行爱国反帝斗争的道路和方法。

 拿起宣传武器

（20 岁）

俄国十月革命和五四运动，促使中国社会迅速变革，出现了介绍、宣传马克思主义，传播新思想的热潮，推动了反帝反封建运动的深入发展。

五四运动反帝斗争的焦点在山东，而济南又是反帝斗争的核心，新思潮在山东的传播较为迅速和普及。在济南，邓恩铭如饥似

渴地阅读种种进步书籍和刊物，探求救国救民的真理。他一方面大量地阅读各种文章，一方面也在进行着分析、比较、鉴别，从中探寻真理。

有一天，王尽美给他带来了一本《新青年》杂志，他读到李大钊写的《庶民的胜利》和《布尔什维主义的胜利》这两篇文章时，被深深地触动了。通过不断的学习、思索，他终于树立了这样一个信念：马克思主义既然能在俄国取得胜利，那么也一定能够指引中国的革命走向胜利。于是他开始在济南寻求、联络志同道合的朋友和同志，共同探索、寻求中国革命的道路。

经过五四运动的战斗洗礼，邓恩铭的思想更加成熟。当时济南省立一中的新文化气氛十分高涨，一大批有进步思想的教师，选用李大钊、陈独秀、胡适等人的反帝反封建文章做教材，颇受学生欢迎。邓恩铭与赵震寰等人组织了“一中旬刊社”，编辑出版了《一中旬刊》，邓恩铭经常在旬刊上著文宣传革命思想；社内还备有《共产党宣言》及马克思、列宁写的小册子，供学生阅读；并在传达室小卖部里出售《向导》、《新青年》等进步书刊。

1919 年下半年，以山东省议员王乐平为核心的一些知识分子，在济南办起了齐鲁书社。该社公开推销全国各地出版的进步书刊，发行《十日》刊宣传三民主义，同时也介绍和出售宣传马克思主义的读物，如《新青年》、《每周评论》、《资本论入门》、《唯物辩证法研究》、《俄国革命史》、《什么是社会科学》等。齐鲁书社吸引和团结了当时山东的一大批进步知识青年。王尽美

△《新青年》

和邓恩铭积极地参加了齐鲁书社的活动，他们以书社为据点，秘密开展革命活动。这一时期，邓恩铭通过大量阅读介绍马克思主义的书籍，开始懂得了阶级斗争的学说，并运用阶级斗争的观点来观察、分析中国的社会。经过深入的学习思考，邓恩铭的思想、立场开始产生革命性的转化。

1920 年初，邓恩铭开始在山东《通俗日报》上发表反映劳动者生活的文章。他从一个热心于救国救民的进步知识青年，逐渐成长为一个马克思主义的革命者。

邓恩铭决定利用省立一中的校刊出版《灾民号》专刊，发表《灾民的我见》公开阐述自己的革命观点。在这篇文章里，他运用马克思主义的观点，分析、揭示了中国灾民问题的实质。他满怀激情的写道：

我们为什么终年劳动，一般军阀、官僚、政客、资本家，终年安乐？为什么我们就穷得没吃没穿，妻离子散？一般军阀、官僚、政客、资本家就坐汽车，打麻将牌，吃花酒呢？他们的衣食住一切都是他们的吗？不是，是我们一般劳苦同胞的，是我们一般同胞的血汗。那么我们就永远应该受他们的支配吗？要知道若不设法子来对付他们这一般豺狼似的军阀、官僚、政客、资本家，以后就没有我们穷人过的日子了！

这篇文章已不单纯是谈论灾民问题了，而是公开地号召、鼓动灾民进行社会革命，铲除贫富悬殊的不平等现象，使中国永远不再出现灾民。这是邓恩铭向旧世界宣战的檄文，表现了他坚决向旧世界进行不屈不挠斗争的决心。

8月，邓恩铭作为省立一中学生自治会出版部的代表，参加学校参观团，赴天津南开中学参观。南开中学是一所仿照欧美近代教育制度开办的私立学校，教学思想先进，教学内容较为前沿，学生不但要读好书，还要会办事，学会自己管理自己，是全国闻名的学校。参观后使邓恩铭感慨万千。

他在给父母的信中说：

前几天我代表本校出版部上天津参观南开，见人家学校这么大，学生这么多，功课这么好，回头想想我的小学母校怎么样？中学母校怎么样？我的功课怎么样？简单答起来，小学、中学母校都不好。至于我的功课呢，读了十年来的书，还是一个“依然故我”。想起来前途渺茫，真叫我伤心啊！但是放开眼看一看荔波的青年，能有几个像我所处的地位？不禁我又转悲为乐了。

8月，陈独秀函约王乐平在济南建立共产主义小组，王乐平推荐王尽美、邓恩铭与上海共产主义小组联系。

9月，王尽美、邓恩铭、王翔千在济南贡院墙根街的一个会所正式挂起“山东马克思学说研究会”的大牌子。当时的军阀政府因对马克思主义还不甚了解，一时未出面镇压。不久，会员发展到五十多人，包括学生、职员、店员和手工业工人，经常集中到一起阅读新翻译出版的介绍共产主义和苏俄情况的新书，并举行演讲、讨论会。由于一部分会员信奉无政府主义，会上经常发生激烈争论。王尽美和邓恩铭作为学会负责人，向大家积极介绍马克思主义。

为扩大爱国运动的影响，他和王尽美等人决定效法北京的少年中国会和天津的觉悟社，联合济南各学校进步学生，于1920年11月21日在济南公园大厅成立了励新学会，在这次成立大会上，王尽美、邓恩铭当选为领导成员。邓恩铭当选为庶务，总揽会务工作。王乐平、李舸梁等作为来宾参加会议。北京《曙光》杂志代表王晴霓也专程来济南祝贺，并向会员进行了演说，成立大会气氛热烈异常。刚成立时会员11人，逐渐发展到会员达50人，并创办《励新》半月刊，研究宣传新思想，促进新思想、新文化的交流。

邓恩铭任励新学会庶务，负责学会的日常工作，主要是报刊发行，举行演讲，举办学术谈话会，出版《励新》半月刊。

当时的省立女师，是一个典型的封建堡垒，顽固校长周干庭反对妇女解放，禁止学生接触新思想，严禁女学生与男学生接触，妄图把学生培养成为封建礼教下的贞妇烈女。当时，邓恩铭撰写了一篇《济南女校的概况》，刊登在《励新》第三期(半月刊)上,揭露非常深刻。文中最后指出:

济南的女校，都是持禁锢主义，所以只要女生低头窗下,终日在故纸堆讨生活,他们就喜得了不得。外边新思潮，无论怎样澎湃，他们塞耳不闻，就是有几位学生想去尝试尝试，就遭师长的谴责。

办女校的先生们，你们对于她们看卑劣的小说不加检查，对于新思潮，就好像洪水猛兽。我想你们既是能以看卑劣的小说，一定是可以看新出版物的。

在这号召下，不少女学生前往齐鲁书社阅读和购买新书刊。省立女师学生用新思想为武器，与周干庭进行了针锋相对的斗争，王乐平曾给予积极支持。周干庭被学生赶走后，王乐平又为该校聘请了刚从北京高等师范学校毕业、积极参加新文化运动的李兰斋担任了校长。

邓恩铭和王尽美二人作为主要领导人，带领励新学会为马列主义在山东全省的传播和推动新文化运动起了非常重要的作用。

人生处处是战场

（1921—1928）

出席党的“一大”

☆☆☆☆☆

（20 岁）

1920 年初，李大钊在北京发起组织马克思主义研究会。当年秋冬，北京、上海成立了共产主义小组，这对山东的革命起到了积极的推动作用。1921 年初，山东共产主义小组和马克思学说研究会成立，王尽美、邓恩铭是小组的负责人。3 月，马克思学说研究会被山东反动当局以宣传“过激思想”的罪名解散，共产主义小组只得转入秘密活动。在邓恩铭、王尽美领导下，有组织有计划地开展活动，工作有了迅速的进展，并利用《励新》半月刊为阵地，进行革命宣传。1921 年五一节，共产主义小组创办了向工人进行社会主义宣传的小报《济南劳动周刊》。邓恩铭夜晚编印报纸，白天亲自卖报。这些宣传鼓动工作，推动了山东地区工人运动的发展，促进了马克思主义与工人运动的结合。1921年夏，山东省的第一个工人组织——津浦铁路济南大槐树机车厂工人俱乐部成立，为山东的工人运动奠定了基础。

在阶级基础、思想基础和组织干部等条件基本具备的情况下，经过“南陈北李”（即陈独秀和李大钊）的联络和共产国际的帮助，1921年7月，在中国最大的工业城市上海召开了中国共产党第一次全国代表大会。作为济南早期共产党组织选派的代表，邓恩铭参加了“一大”的全过程，作为中国共产党的创始人之一，他的名字载入史册，永放光辉。

1921年6月，上海共产主义小组在共产国际代表的帮助下，决定在上海召开中国共产党第一次全国代表大会，向全国六个共产主义小组发出了召开第一次全国代表大会的通知。济南共产主义小组经过酝酿，决定推选王尽美、邓恩铭二人代表山东参加党的第一次全国代表大会。

他们于7月1日之前到达，跟张国焘一样是外地抵沪最早的代表。至7月22日，各地早期共产党组织代表陆续到齐。为保密起见，代表们以“北京大学暑期旅游团”的名义大都寄住在上海组预先租下的博文女校（上海法租界白尔路389号，今太仓路127号）。代表们住的是楼上靠西的三间前楼。王尽美与邓恩铭住在后面的一间房子里，和长沙代表毛泽东的住房相邻。

1921年7月23日晚8时，中国共产党第一次全国代表大会

◁ 王尽美

在上海法租界贝勒路树德里 3 号（解放前曾改为望志路 106 号，现为兴业路 76 号）李汉俊之兄李书城的住宅正式秘密举行。出席大会的代表共 13 人。有上海的李汉俊、李达，北京的张国焘、刘仁静，济南的王尽美、邓恩铭，长沙的毛泽东、何叔衡，武汉的董必武、陈潭秋，广州的陈公博、包惠僧，旅日代表周佛海。此外还有共产国际的代表马林、尼柯尔斯基。

两位共产国际代表出席了大会。马林首先致词，对中国共产党的成立表示祝贺。他介绍了共产国际的概况，并建议把会议的进程及时报告共产国际远东书记处。随后，代表们具体商讨了大会的任务和议程。

7月24日，各地代表报告本地区党团组织的情况。王尽美和邓恩铭代表济南早期组织向大会汇报了山东党组织组建的过程，并对目前的形势和任务阐述了自己的观点。25、26日休会，用于起草党的纲领和今后工作计划。27、28、29日，连续举行三次会议，对党的纲领和决议作了较为详尽的讨论，大家各抒己见，既有统一的认识，又在某些问题上存在争论，会议未作出决定。

7月30日，“一大”第六次会议刚开始，就遭受法租界巡捕房的侵扰。首先闯入会场的叫程子卿，他是黄金荣的把兄弟，利用这层关系进入巡捕房，任华人探长。原来，马林由莫斯科途经欧洲来华，曾在维也纳被警察局拘捕，虽经营救获释，但其行动一直作为“赤色分子”被严密监视。具有丰富秘密工作经验的马林，警觉地说这人一定是“包打听”，建议立即停会，大家分头离开。

果然，十几分钟后两辆警车包围了“一大”会址，法籍警官亲自带人进入室内询问搜查，没有找到证据，威胁警告一番后撤走了。这次冲击虽然没有带来重大损失，毕竟“一大”不能再在原址进行了。转移出来的“一大”代表当晚集中于李达寓所商讨，大家一致认为会议不能在上海举行了，有人提议到杭州开会，又有的提出杭州过于繁华，容易暴露目标。当时在场的李达夫人王会悟提出：不如到我的家乡嘉兴南湖开会，离上海很近，又易于隐蔽。大家都赞成，觉得这个安排很妥当。

第二天清晨，代表们分两批乘火车前往嘉兴。两位国际代表目标太大，李汉俊、陈公博也因经历一场虚惊，都未去嘉兴。10时左右，代表们先后到达嘉兴车站，在鸳湖旅馆稍事休息后，便登上事先租好的南湖画舫。

这天，下起了蒙蒙细雨，游人渐渐离去，秀丽的南湖显得格外清静优雅。11时许，“一大”会议在缓缓划行的画舫上开始了。

▽ 嘉兴南湖红船

南湖会议继续着上海30日未能进行的议题，先讨论并通过中国共产党的第一个纲领，这份15条约700字的简短纲领，确定了党的名称、奋斗目标、基本政策，提出了发展党员、建立地方和中央机构等组织制度，兼有党纲和党章的内容，是党的第一个正式文献。

接着讨论并通过中国共产党的第一个决议，对今后党的工作作出安排部署，鉴于党的力量还弱小，决定以主要精力建立工会组织，指导工人运动和做好宣传工作，并要求与其他政党关系上保持独立政策，强调与第三国际建立紧密关系。

最后，“一大”选举中央领导机构，代表们认为目前党员人数少、地方组织尚不健全，暂不成立中央委员会，先建立三人组成的中央局，并选举陈独秀任书记，张国焘为组织主任，李达为宣传主任。党的第一个中央机关由此产生。会议在齐呼“第三国际万岁”、“中国共产党万岁”声中闭幕。

“一大”召开标志着中国共产党的正式成立，她犹如一轮红日在东方冉冉升起，照亮了中国革命的前程。这是近代中国社会进步和革命发展的客观要求，是开天辟地的大事件。自从有了中国共产党，中国革命的面目就焕然一新了。

在全体代表中，邓恩铭年纪最轻，个子最小，当时仅20岁，在上海开会时，毛泽东听邓恩铭有些南方口音，便主动与他拉起话来。毛泽东心直口快，先问道：“恩铭兄，都说山东大汉，你从山东来，看你个头，不像梁山大汉呀，口音也不像？”

邓恩铭仰头笑答："是呀，润芝兄，好眼力，好耳朵，我真不是山东人，现在在山东求学，你猜我是来自何方人士？"

毛泽东上下打量了邓恩铭，想了想说："依我猜呀，大概与我们湖南挨边的吧？"

邓恩铭答道："润芝兄，果然眼尖耳灵，我正是挨近广西、湖南边上贵州荔波县人士也，跟随我叔父黄泽沛到山东，在济南一中求学……"

毛泽东一听高兴地说："原来我俩还是老乡呀，看来我们都是从山里走出来的农家子弟，为了中国之命运，我们走在一起了。"随后毛泽东又问："恩铭兄，年庚几何？"

邓恩铭答道："公历1900年1月5日，润芝兄你……"

毛泽东答道："也按公历讲，我是公元1893年12月26日生。"毛泽东随后数着指头对邓恩铭说："算起来我比你大7岁，算是你的哥了。"

邓恩铭接过毛泽东的话："是兄长，是兄长，润芝兄，你不但年岁大我，也比小弟见识知广。孔子云：'三人行，必有吾师焉。'你不仅是长兄，也是我的师长也。"

毛泽东一听摆了摆手说："哪里，哪里，我们都是志同道合之革命同志嘛。"

说话间，邓恩铭与毛泽东的话题转向家乡："润芝兄，湖南那地方人杰地灵，在我中华历史上出了多少杰出的大人物。我的家乡历来被人们称为地无三里平，人无三分银的蛮荒之地。"

毛泽东摆了摆手说："恩铭兄可不能这样讲呀，美不美家乡水，明朝有个叫刘伯温的宰相说过：'五百年前江南赛云贵，五百年后云贵赛江南。'我们湖南洞庭湖的水还是由你们贵州有条叫剑江的河流下来的，湖南的商船就从这条江上贵州，听我们家乡上贵州做生意回来的老人说，你们贵州有'四大宝'，大方的漆器、安顺的刀、独山的泡菜、玉屏的箫，贵州山山都是宝呀……"邓恩铭一听惊讶地说："润芝兄，你真是博学多才，

▽《湘江评论》

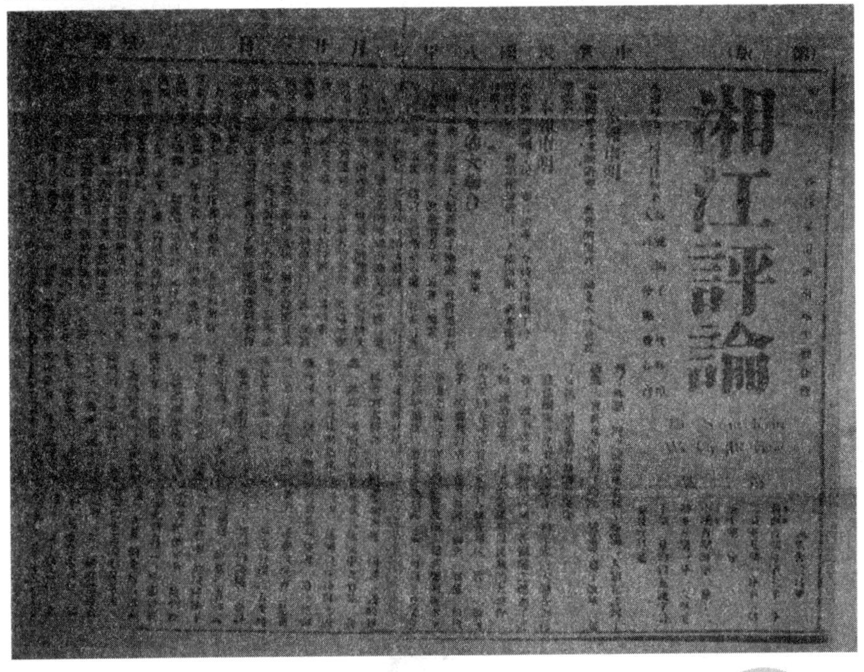

湘江評論

上知天文，下知地理。”说话间，邓恩铭随手从床头取出一支玉屏竹笛说道：“我还真是带来了一支玉屏竹笛，在济南一中读书时，参加学校联欢晚会，我还拿它吹奏过《小放牛》和我们贵州的小调哩。”随后邓恩铭用玉屏竹笛给毛泽东及参会的代表们吹奏了一曲竹笛小调。毛泽东听后夸赞道：“看不出恩铭兄还是一个音乐家！”随后毛泽东与邓恩铭、王尽美一起谈起山东的工人、学生共产革命运动和毛泽东在湖南创办的《湘江评论》及中国向何处去。中共“一大”会议期间，各项会议议程安排很紧凑，会议后来被法租界的巡捕发现了，转移到浙江嘉兴南湖的一条船上继续进行。但不久船在湖上又被一巡逻艇发现追了过来观察船上的动静。这时邓恩铭急中生智，取出随身携带的玉屏竹笛，悠然自得地吹奏起来，毛泽东灵机一动，端起茶碗，坐在邓恩铭对面，自斟自饮，欣赏着恩铭的竹笛声。后来滕尧珍在回忆邓恩铭时讲：“在南湖的船上毛泽东还唱了一段湖南花鼓戏。”

7月31日，会议结束后的当晚，邓恩铭与代表们乘火车回到上海。

“一大”召开，宣告中国共产党正式成立，

标志中国革命发生了历史性的转折。

“一大”在南湖闭幕后，邓恩铭写下了这样的诗篇：

读书济世闻鸡舞，
革命决心放胆尝。
为国牺牲殇是福，
在山樗栎寿嫌长。

这首诗的前两句表达了他为革命刻苦学习努力工作的决心，后两句表达了他为革命勇于献身不惜牺牲的决心。“读书济世闻鸡舞，革命决心放胆尝。”意为他每天闻鸡起舞，刻苦学习，是为了救国救民；为革命事业，他要卧薪尝胆。“为国牺牲殇是福，在山樗栎寿嫌长。”为国家为人民牺牲，哪怕年纪轻轻，也是值得的，是死得其所；而如果做一个无用的人，即不为国为民谋利益，即使活到年纪再大，也是白活。

这首诗是作者直抒胸臆，表现了他走上了革命道路，掌握了革命真理以后的真实情感，全诗明白了当，真情真意，不加任何雕饰，读来却令人肃然起敬，一个闻鸡起舞、卧薪尝胆，为信念而勇于献身的共产党人形象屹然矗立在人们眼前。

邓恩铭、王尽美回到山东，根据“一大”精神，成立了中国共产党中央直属山东区支部，后来发展为直属党支部。邓恩铭为山东支部领导人之一。从此，山东的共产党组织作为中国共产党的一部分，在党中央统一领导下，在本地区开展革命活动，积极推动了山东的革命事业。

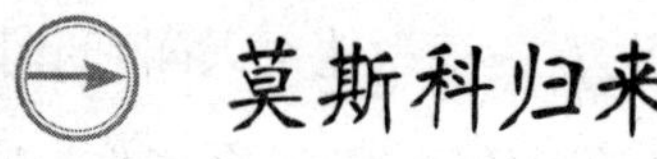

莫斯科归来

（21 岁）

一列国际列车经过西伯利亚从满洲里车站进入中国。

邓恩铭望着车厢外不时闪过的山峦树木，思绪渐渐地又回到了半年前……

1921 年上半年，共产国际执委会向中国、朝鲜等国共产党和革命团体发出邀请书，邀请远东各国共产党和革命团体派代表参加第一次代表大会。中共中央派人到各主要城市物色参会代表。王尽美和邓恩铭等山东党组织成员经过反复研究，确定王尽美、邓恩铭、王复元、王乐平、王象午、王志坚六人以山东共产党、国民党、产业工人的代表身份，参加中国代表团出席会议。

经过秘密准备他们以商人的身份经奉天（今沈阳）、哈尔滨、满洲里前往苏联。

1月21日，邓恩铭和其他代表一起，坐在克里姆林宫斯拉尔德洛夫大厅，出席隆重的远东

▽ 列宁在演讲

各国共产党及民族革命团体第一次代表大会。参加大会的远东各国代表148人，其中中国代表团44人。

在这次十分重要的会议上，他们见到了国际无产阶级革命导师列宁，聆听了列宁的教诲。伟大的无产阶级革命导师列宁在会议期间亲切接见了中国代表团，对中国革命问题作了精辟的分析。他指出：“中国现阶段革命的性质是资产阶级民主革命，其基本任务是反对帝国主义和封建主义。”列宁还亲切地勉励中国的代表，要广泛团结其他各阶层的人民，推动中国革命不断前进。最后，列宁充满深情地说：“中国的前途是无限光明灿烂的！”邓恩铭亲眼看到列宁领导的世界上第一个无产阶级和劳动人民当家做主的国家革命胜利的榜样，更激励他投身中国的民族解放事业。

在莫斯科他亲眼看到了世界上第一个社会主义国家，亲眼看到了翻身后苏联工人和各族人民的自由幸福生活，以及他们积极投入战后经济恢复工作和忘我劳动的情景。在大会期间，他与各国代表们热情地和苏联人民一道参加了社会主义竞赛的萌芽——礼拜六的义务劳动。他当时的心情是多么激动、兴奋而喜悦啊！甚至感动地流下了幸福的眼泪。当时苏联国内战争和反对帝国主义武装干涉的战争刚结束不久，国内遭到严重破坏，生活条件十分困难，苏联共产党的领导者和苏联政府的首领，全国上下连列宁同志在内，一律都是吃的黑面包，而且都有一定的限额。当时只有含五六成，甚至两成面粉的黑面包实行限额分配：士兵每天两磅，工厂和铁路工人一磅半，机关工作人员一磅，而共产党员每天只有四分之三磅。但为了祖国经济的恢复，为了反对帝国主义的干涉和颠覆活动，全国人民同仇敌忾，毫无怨言地忘我劳动，这使邓恩铭深受感动。

邓恩铭在苏联虽然只有几个月，但却受到了深刻的阶级教育和实际生活锻炼，大大提高了他的思想认识和对无产阶级专政的真正体会，从而更加坚定了他对中国革命必胜的坚强信念。

列车摇摇晃晃地驶入黑龙江省辽阔的草原，汽笛的鸣叫把邓恩铭从回忆中拉了回来，他知道等待他的将是更加艰苦的斗争。

邓恩铭回到山东后，决定离开学校从事职业革命活动，于是他脱下学生装，换上了工人服。

奔赴淄博矿

（21-22岁）

1922年5月，王尽美和邓恩铭受命回山东开展党建和工运工作。他们在中共济南独立组的基础上，建立了中共在山东的第一个支部——中共济南地方支部，王尽美任书记，邓恩铭等九人为成员。

受山东党组织的委派，邓恩铭到山东最大的淄川矿区开辟工作。

淄博市是当时山东最大的煤矿区，特别是淄川炭矿，由日本帝国主义势力所控制，矿主设立赌窑，利用赌博、吃酒等方式愚弄矿工，工作开展难度相当大。

他不辞劳苦，风尘仆仆奔赴淄博张矿区，宣传马克思主义，传播革命火种，领导开展淄博张矿区的建党和工人运动。当时，邓恩铭的堂叔父黄泽沛，在淄川县任县长。他在任职期间，提倡男女平等，反对妇女缠足，反对迷信、赌博，体察民情，比较开明。邓恩铭就住在淄川县府内，利用黄泽沛的社会地位和影响，广泛接触各阶层人士，进行社会调查，从事革命活动。黄泽沛节日宴请淄川社会各界人士时，邓恩铭常常出席作陪。他利用这个机会结识了淄川第一小学校长冯聘青（又名冯乃章）、淄川模范小学校长郭方纯和一些进步教师，经常同他们纵谈国事，向他们了解当地社会情况，了解教师和各阶层人士的政治态度，宣传进步思想。当他了解到赵豫章曾参加过五四反帝爱国斗争时，就耐心向他讲解马克思主义，启发、提高其阶级觉悟。不久，邓恩铭就介绍赵豫章参加了中国共产党。这时，地下党员周宪章在日本帝国主义控制的洪山镇三马路开设了“宪章照相馆”，作为党的秘密活动点。邓恩铭经常在那里集会，研究指导矿区建党和工运工作的开展。有一个时期邓恩铭索性在工人中间住下来。淄川炭矿有六千多工人，他们深受中日资本家和把头的沉重压迫，斗争精神强。他就以这里为重点，经常和赵豫章深入到矿井、工棚和矿工家庭，和机器工人、石匠（掘进工人）、伙夫（采煤工人）促膝谈心，并介绍他亲历、目睹的苏联十月革命后工人阶级的政治、经济地位和生活状况，耐心启发、教育工人认识本阶级的力量和肩负的历史使命，争取自身解放。经过邓恩铭的努力，工作取得了明显的成效，工人们对这位县长的侄子产生了好感，都愿意围拢在他身边，听他讲革命道理，工人的觉悟在不断提高。

他还不辞劳苦，不怕危难，日夜奔波于博山、昆仑、西河等矿井，联络工友，调查工人生活状况，宣传革命道理，足迹遍及矿区每一个角落。

邓恩铭和王尽美等同志的辛勤工作，为淄博煤矿工人组织和党组织的建立，做了组织准备和思想准备。

1922 年 6 月 25 日，淄川煤矿代表和南定、博山、西河一带的煤矿工人代表二百五十多人，

△ 淄博煤矿工人俱乐部旧址

在洪山镇马家庄旧机器图算学校召开了山东矿业工会淄博部发起会。

王尽美在1922年7月9日的《山东劳动周刊》上，报道召开“矿业工会淄博部”发起会时的盛况说：“开会前散发传单通知，到会代表二三百人，旁听者挤满庭院，公举大会筹备员，组织临时交集团，谈说着痛快淋漓，掌声如雷欢声震地，精神贯注始终如一，真是中国劳动运动中之曙光啊，真是山东劳动界中空前之盛举啊！”

矿业工会淄博部的成立，融进了邓恩铭的大量心血。

1922年底，在昆仑车站装卸工人的影响和参与下，各界人士联合抵制县政府向各炭商强征“文教捐”，最后迫使政府让了步，将这部分“文教捐”交由地方兴办教育事业。后来利用这次抗捐争得的款项兴办了“昆山两级小学”。

邓恩铭在矿区从事革命活动并不是一帆风顺的。不仅时刻有被敌人追捕陷害的危险，还要遭受家人的阻拦。父母、叔父曾多次面阻或来信要他“安分守己”、“求得功名”；又在荔波给他选定妻室，要他回家完婚。8月29日，他就父母给自己包办婚姻的问题写信谈了自己的想法，规劝父母抛弃陈旧的观念。他在信中说：“一件事本是为儿女好的，哪晓得反倒害起儿女来了，比比皆是，最头疼的是替儿女订婚。此刻比以前不一样了，男女都一样，男子能做官做议员等等，女子现在都能做了。总而言之，叫男女平等。”

1923年10月，邓恩铭得知鲁大公司裁人的消息后，立即撰文刊登在《工人报》上，揭露中日资本家压迫剥削工人的罪行。11月13日和21日，他又两次写信给刘仁静向中央报告淄川煤矿工人的斗争情况。

1924年3月，他任中共青岛市委书记时，仍十分重视、关心淄博矿区的革命斗争，邓恩铭由青岛再次到淄博指导组织矿工开展工人运动的同时，时刻不忘淄博党组织的建立工作。这期间，邓恩铭介绍曾参加过五四运动，并在淄川大昆仑炭栈工人抗“教育捐”斗争中表现积极的淄川县立小学教员赵豫章加入中国共产党，介绍郭粹甫、周济南加入社会主义青年团。4月，为加快淄博地方党组织的建立工作，邓恩铭又派蒋敦鲁从青岛铁路局返回博山，从事革命活动。这期间相继入党的还有王敬斋、张凤翔和郑子洲等人。邓恩铭、王尽美等人的这些工作，为淄博地区建立党组织准备了充足的条件，极大地促进了淄博地方党组织的筹建工作。

开辟新战场

☆☆☆☆☆

（22 岁）

1922 年 12 月，党决定把邓恩铭调到青岛工作。青岛是山东重要的工业城市，在那里开展党的工作对全省都有重要的意义。

青岛，位于胶东半岛南端的黄海之滨，濒临胶州湾，背面面海，风景秀丽，物产丰富。早在 1897 年 11 月，青岛就被德国派兵占领。第一次世界大战爆发后，日本帝国主义乘德国在欧洲战场厮杀，无力顾东之际，赶走了德军，霸占了青岛。在德、日帝国主义的蹂躏下，青岛灾祸重重，民不聊生。由于日本商人向青岛大量投资，刺激了强盗的市政和工商业的发展。加之由于战乱国人也大量涌入，居住、办厂，青岛面积不断扩大，成为旧中国现代化工业发展很快的城市，拥有众多的产业工人。

1922年11月，北京政府宣布，收回青岛，设立胶澳商埠督办公署，直属北京中央政府。

邓恩铭来青岛后住在胶澳公立职业学校。胶澳公立职业学校校长兼《胶澳日报》社长是王静一。王静一是山东诸城人，原在济南任教师，思想进步。邓恩铭是王静一的学生，在学校读书时，师生之间就有良好的关系。中国政府收回青岛后，王静一来到青岛。

邓恩铭的公开身份是《胶澳日报》编辑。

邓恩铭的住所是一间不大的日本式小房子，只有一张旧木床，一个小课桌，一把水壶。安顿好后他马上同王象午取得联系，商讨筹建青岛党、团组织问题。

王象午又名象舞，字堃生，山东省诸城县人。1920年在济南工专读书时，与邓恩铭、王尽美等发起成立了“励新学会”，创办了《励新》半月刊。1922年1月，赴莫斯科参加远东各国共产党及民族革命团体第一次代表大会。同年7月加入中国共产党，并成为中共济南地方支部成员。9月加入社会主义青年团，12月随邓恩铭赴青岛，以胶澳督办公署工程课工作为掩护开展党的工作。

邓恩铭与王象午商议后，决定首先与曾在济南认识、现在青岛工作的进步青年取得联系，壮大队伍，迅速展开工作。

在他们认识的人当中，有两位是比较值得信赖的，一位是在胶澳商埠电话局当司机生的赵鲁玉，另一位是在青岛普济医院当护士的丁祝华。

下面是丁祝华的回忆：

按照分工，在工余时间我经常深入到四方、大港、沧口等产业工人集中的地方开展妇女工作，教女工们识字，帮助女工们做些家务活，向她们宣传革命道理，鼓舞女工积极支援男工友的罢工斗争。经过一段时间的学习和工作锻炼，邓恩铭介绍我和赵鲁玉加入了中国社会主义青年团。不久，转为中共党员。

1923 年 5 月下旬，我回济南女子师范学校参加毕业考试。刚笔试完，就突然接到青岛发来的电

△ 中共青岛组旧址

报，叫我“速回”。到青岛之后，才知道是邓恩铭要我速回，有要事相告。

邓恩铭说：“根据目前形势的发展，你必须改行当教员。”

“我想学医，将来干一番事业，目前工作很顺利，为什么要改行？”

邓恩铭看我思想一时想不通，便耐心地开导我说：“我的住处你知道，经常变，到处跑，没有妥当的通讯地址，和中央联系有困难。你在医院工作，天天忙忙碌碌，没法外出活动；你住集体宿舍，党内文件不好保密；你当教师比较自由，有假期，便于外出活动；租居单人宿舍或在学校里住便于保管文件。你代我收邮件，我来取。为避免别人怀疑，我改名姓丁，叫丁又铭，咱俩以姐弟相称。”

6月初，邓恩铭安排我到中国青年会附设的模范小学当教员。开始大半年工作很顺利，我和赵鲁玉常一起到邓恩铭处开会，党内的信件由我转递。记得中央自上海给邓恩铭汇过两次党的活动经费，是寄到我这里来，由我代转的。我还把收到的《新青年》、《向导》周报等邮件，按我的“朋友”、“亲属”的地址寄出去。邓恩铭常来我所在的学校，给我们讲形势，布置任务，有时把一些进步刊物带到四方、大港、沧口等产业工人集中的地方，向工人们宣传，启发他们的觉悟，号召、组织他们起来和帝国主义、资本家进行斗争。常到我这里来的还有赵鲁玉、王少文、孙秀峰等同志。

邓恩铭在组织领导工人运动的同时，也十分关心我们政治上的成长和理论上的提高。他要求我们认真学习革命理论，交流学习心得体会，写读书笔记，定期进行抽查。由于我们工作量的增加和活动频繁，引起了校方的怀疑。1924年暑假我被辞退，失业了。

6月12日至20日，中国共产党第三次全国代表大会在广州召开。大会对“二大”党章进行了修改，将成立组织的人数由三人改为五人以下。提出了党员不满五人的地方，也要成立组

织。根据“三大”通过的新党章的组织原则，8月，邓恩铭、王象午建立了青岛第一个共产党组织——中共青岛组（一说1924年5月下旬成立中共青岛组），邓恩铭任书记（党的“三大”党章规定，“凡有党员五人至十人均得成立一小组，每组公推一人为组长”，“不满五人之处，亦当有组织，公推书记一人”），隶属于济南党组织领导。

1923年11月，由邓恩铭、王尽美介绍公立青岛国民小学教员延伯真（又名延白真，山东省广饶县人。1897年生，1923年底入党。曾任中共青岛支部宣传委员、山东地委组织部长等。1968年在沈阳病逝）加入中国共产党，这是青岛党组织建立后发展的第一个党员。

1923年11月18日，中国共产党领导下的青岛第一个团组织——中国社会主义青年团青岛支

部在一个秘密的地点——胶澳商埠督办公署工程课一间办公室（王象午工作的地点）宣告成立，邓恩铭任支部书记，10名进步青年成为青岛第一批团员，他们是：公立职业学校的学生许兴业、郝骏夫、傅建生、李松舟、李萃之、姜秩东、李树柏、张肃甫，电话局职员王少文、孙秀峰。（按团中央指示，20人以下只能成立支部，20人以上可成立团委）支部下设三个团小组，由10名团员和邓恩铭、王象午两名党员共12人组成。团青岛支部属团中央直接领导。

从此，团旗在青岛升起，青岛有了以马克思主义为指导思想，以民族独立富强为己任，以实现共产主义为奋斗目标的在党的领导下的先进青年组织。从此，青岛的青年运动进入了一个崭新的阶段。

奋笔诉黑暗

☆☆☆☆☆

（22岁）

青岛党组织建立后，马克思主义得到进一步传播。1923年5月，为纪念马克思诞辰105周年，邓恩铭在《胶澳日报》副刊上举办征文活动，借此联络各地进步青年。青州山东省立第五师范学校学生王蔚明在回忆中说：

1923年5月，我在青州山东省立第五师范上学，青岛《胶澳日报》副刊征文纪念马克思诞辰105周年时，我写了一篇以《马克思主义与中国革命》为题的文章。被采用后，副刊主编邓恩铭同志给我一封信大加赞扬，要我继续投稿，并说明几天后将到青州面谈。

5月中旬的一天下午，邓恩铭同志果然到青州师范来了，并带来了《第三国际第二次代表大会决议》《共产党宣言》等文件相赠。这些文件都是莫斯科印制的，想必来之不易。

从此以后，每隔一两个月他就到青州一次，每次都到青州师范来与我交谈，有时还带本新书赠我。谈话常常是交流学习情况，谈论国内时局及世界形势，有时也询及校内同学及老师们的思想动向。我曾几次向邓恩铭同志提到："我们已经知道中国现在有共产党和社会主义青年团了。并且已经知道《向导》是党的机关报，《中国青年》是团报。有些人也想入党或入团，但不得其门而入，到底他们在哪里呢？"邓恩铭同志的答复总是："可能我们山东也有，等我找到他们时，我和你一同加入。"

1924 年 3 月间，正是一个星期天的上午，恩铭同志又来看我，相见之后，他第一句话便说："我报告你一个好消息，我现在已经是共产党员了，我与王尽美同志两人共同负责介绍你加入社会主义青年团。"

在邓恩铭的努力下，青州的工作有了起色，建立了团青州支部。

随着马克思主义在青岛的广泛传播，社会上对进步书籍的需求量大增。1923 年 11 月，邓恩铭与王象午商议在青岛设立书社，以满足青岛读者的需要。

邓恩铭通过团中央领导人邓中夏、刘仁静，与中央机关开办的上海书店、民智书店、泰东书店等联系，要求先寄书来，采取代售的办法，并请中央在资金上给予支持。

此后，邓恩铭与上海书店、民智书店、泰东书店商妥，在青岛设立《胶澳日报》社、启新书社、青岛书店三个代销处；另外，通过国民党员鲁佛民与青岛最大的书店——中华书局商定代销进步书刊。代销的书刊有：《向导》、《共产党宣言》、《〈资本论〉入门》、《〈唯物史观〉解说》、《共产主义初步》、《三民主义》、《建国方略》、《国民党第一次代表大会宣言》等。

在设立书刊代销处的同时，邓恩铭等人还着手开办图书馆。1924 年 7 月，邓恩铭起草了《山东青年图书馆简章》并寄给刘仁静，征求团中央的意见。《山东青年图书馆简章》共分总纲、组织、权利与义务、阅书规则、经费、职员、附则等七章。《简章》规定图书馆的宗旨是："为节省经济，便利同人阅书，使同人在这小规模的图书馆内，获得相当有系统的知识。"馆内藏书的来源是"以励新学会存书，及王（尽美）邓（恩铭）二君与其他同人藏书"为基础。《简章》规定：在青岛该馆设干事二人；在有阅书同人五人以上的地方，设地方干事一人；该馆干事负责"保存整理添购各种书籍，及对外通信收发书籍，计算收支各费，每季开列清单，报告同人一次"；地方干事负责"通信收发书籍，并担催缴常年费，募集特别捐等责任”。1925 年 5 月，邓恩铭被捕，图书馆的工作被迫停止。

邓恩铭除了发行刊物、创办书社、开办图书馆外，还撰文宣传马克思主义。他以《胶澳日报》为阵地宣传进步思想，在学校里他向学生讲演，宣传社会主义，在学生中传播《共产党宣言》等马列主义著作，《向导》、《中国青年》等党的刊物。

在王静一的支持下，邓恩铭以《胶澳日报》为阵地，传播马克思主义，宣传俄国的十月革命胜利经验。他连载发表了《列宁传》，编辑《胶澳副刊》，发表进步作品。组织胶澳公立职业学校、胶澳中学的进步学生、青年团员为《胶澳副刊》写稿，经他修改后发表。

在《胶澳日报》副刊第 17 期上，邓恩铭刊载了描写工人劳动苦难的散文和抨击时事、宣传三民主义的文章。1924 年 1 月 1 日，在《胶澳日报》新年增刊上，邓恩铭发表了《今日的感想》一文，铿锵有力地抨击了北洋军阀政府勾结帝国主义祸国殃民的罪行。文章一开头就指出 :“处在这双重压迫下的中国人民，随时随地都感到国破家亡之将至。”又揭穿“数次的热血与头颅换来的民国，给人民的是什么? 不过兵灾匪祸与横征暴敛罢了。”文章还慷慨激昂地控诉了帝国主义是“一般强盗更变本加厉地乘火抢掠，临案通牒，铁略共管，长江联合舰队与广州海军示威”。文中痛心疾首地写道 :“旧仇未雪，亲朋耻频添！”“现在一般军阀官僚都是满清的忠臣，民国的罪人。”文章最后指出:“中国的和平统一与独立，除了全中国被压迫的人民联合起来一齐向本国军阀与外强进攻以外，没有第二条生路。”

6月，在《十月》旬刊上，邓恩铭又发表了《青岛劳动概况》，这是他在深入了解工人群众的劳动生活状况后写成的。文章以大量事实说明青岛工人的悲惨遭遇，指出青岛工人阶级的贫困是万恶的资本家压迫剥削的结果。他写道：

我们要想知道大多数的工人生活之困苦，必先知道在青岛每日每人的必需最低生活费。锅饼是下苦力人中最普遍的食品，他们每天每人至少吃三斤，而每斤卖十八个铜子，三斤就和一吊一百文，再吃点菜，每天非一吊三百文不够。但他们每天至多赚三毛五分钱，仅仅够吃，所以一切最低的必要费用，如住房子、剃头等，还得从每日极力节省下来，至于想添些衣服鞋袜那简直是不可能的。所以他们的住处是极其黑暗、污秽的窝棚，光线不足与空气之臭腐，足以使他们健康上受影响，常常生病。但他们生病是没人管的，他们病中费用当然没有，必须向工友中分借，借债的结果更使他们日日处于不足自给的恐慌，悲惨的命运就跟随他们了。尤其是柔弱的女工和童工，他们的生活有特别述说的必要。

中国妇女因裹足的缘故身体异常软弱，六小时的工作，她们已经不能胜任了，何况十二小时工作以外还继续添做夜工。她们的健康就好像秋风扫落叶一样，病魔就立刻来缠绕她们了。但是这种状态经她们一次罢工，已经打破了，可是十二小时的工作还是牛马般的负着。这样的女工大半是纱厂和丝厂居多。再说童工，童工比女工要厉害百倍……每天赚的至多一角八分钱，做十二点以上不能胜任的工作，分两班，从早到晚，从晚到早，尽站在不见日光，不通空气的污秽的房子中，呼吸棉絮，一点儿空也没有，因此说不上休息。他们吃的是窝窝头、白开水……所以把一群可爱的小孩都养成乞儿不如的一般小病夫了。童工的生活几年来都是如此的悲惨，直到现在还是那样。嗟！万恶的资本家！

在总结了工人罢工斗争的经验教训后，文章又以通俗亲切的言语告诫工人：

被压迫的兄弟们，努力团结啊！我们要团结，才有力量；有力量然后才能与资本家抗争啊！

《胶澳日报》虽不是中国共产党主办的，但通过邓恩铭，它传播了共产党的声音。

尽管环境恶劣，但邓恩铭对工作充满乐观情绪和必胜信念。他满怀信心地把青岛比作一片随时可以种植的净土。

 改造圣诞会

☆☆☆☆☆

（23岁）

邓恩铭开展工人运动是从改造四方机厂(1923年4月，四方工厂改称四方机厂）工人自发组织——圣诞会开始的。

伟大的五四反帝爱国运动爆发以后，迫使北洋军阀政府据理力争，终于在1922年12月10日，从日本帝国主义手中收回了青岛。次年1月5日，收回了“山东铁道青岛场”；4月2日，正式更名为“胶济铁路管理局四方机厂”。

经受德、日帝国主义统治了二十多年的四方机厂广大工人，对帝国主义深恶痛绝。因此，工厂收回以后，无不欢欣鼓舞，对祖国抱有莫大的期望，他们认为“今后给中国人干活，可该喘口气了”。但是，工人们很快

发现，他们虽然摆脱了德、日帝国主义的统治，却又落入了中国封建军阀的魔掌。旧中国的统治者,并没有给人们带来什么好处,苦难的生活，寥寥的工资，以及政治上的不自由，都依然如故,甚至把在帝国主义时期规定的春节三天假（照发工资）也取消了；而为广大工人所痛恨的日本翻译、汉奸，则被提拔为领班、工头，依然骑在人们头上，为虎作伥。工人们的期望破灭了,对封建军阀统治者产生了新的仇恨。

由于帝国主义及北洋军阀政府的反动统治，青岛工人阶级从诞生时起就过着极端贫困、毫无民主权利的生活。四方机厂是青岛当时最大的机械厂，有工人一千五百二十余名。为了争得生存的权利，工人阶级不断进行自发斗争，并建立了一些行会性质的群众自发组织，如“武林会”、“少林会”、“工党同盟会”、“艺徒同学会”等。

首先觉醒的是郭恒祥等一批青年工人。

郭恒祥是山东章丘县埠村人，为生活所迫，19 岁来到青岛,进入四方机厂第四场当工人。他胸怀豁达、正直，深得工友们的尊敬。五四运动后期，他利用回原籍探亲的机会，曾去过济南,目睹了青年学生为争回山东主权而进行的罢课、游行等活动,为高涨的反帝救国浪潮所激发。回厂时他买了一些折扇，写上“勿忘国耻”“力争收回青岛”“抵制日货”等唤起民众反帝救国的口号，在工友中赠发，借以启发工人的觉悟。

1922 年冬，郭恒祥等人就开始酝酿成立团体的活动。他们按照当时民间铁匠敬奉祖师老君的旧俗，先联络厂里的铁匠，成立了一个“老君会”。由于木匠、油匠也要立会，郭恒祥等人就商量在全厂成立一个会，各行工匠都加入。取名“圣诞会”，意思是各行匠人纪念始祖生日的会，并规定会员每年要捐献一日工资，作为活动经费。每年农历二月十五日为圣诞日，要进行庆祝活动。

关于圣诞会宗旨，具体说法不一。一种说法

▽ 青岛旧时街景

是：崇敬祖师，互敬互助，提高工人人格，辅助路务进行。另一种说法是：第一条崇敬祖师，第二条联络感情，互相帮助。再一种说法是：敬奉始祖，砥砺技术，修养品性，互相帮助。

圣诞会成立后，推选郭恒祥为会长，张吉祥为副会长，郭学濂、耿华山为评议长。同时并按场、工种推选代表一人，负责日常联络工作。开始，加入圣诞会的一般都是中年和老年工人，随后青年工人也加入了，全厂大多数工人都成了圣诞会会员。圣诞会还到胶县定制了铸有“圣诞会”三个大字的银会章，作为标志，发给每个会员，并且还到胶澳商埠警察厅办了立案手续。

1923 年 3 月 31 日是第一个圣诞日。圣诞会决定敬神唱戏，庆贺圣诞会正式成立。他们和厂方达成协议，从 3 月 31 日起，在四方公园唱戏五天，工厂停工五天，以后利用星期天补上。圣诞日这天，从胶县请来了戏班子，圣诞会会员们胸前佩戴着银光闪闪的会章。四方公园里锣鼓喧天，鞭炮齐鸣，非常热闹。郭恒祥当众宣布圣诞会正式成立。从此以后，圣诞会逐渐成为工人们的依靠，工人不论遇到什么困难，或受到工头的欺侮，甚至家务纠纷，都找评议会解决。圣诞会为工人办了许多好事，在工人中逐步扩大了影响，提高了威望。

圣诞会虽然成立了，但开始只是一个自发的带有迷信色彩的行会性质的团体，缺乏严密的组织、明确的方向和斗争经验。当时吸收了领班入会。领班是厂方的耳目，他们入会对圣诞会起到了破坏作用。例如：圣诞会要求给工人增加工资的事，就事先被领班报告了厂长。厂长为收买圣诞会负责人，首先给他们升了工资，影响了圣诞会的威望和团结，有的工人就要求退会。

这时，正是二七京汉铁路工人大罢工失败后不久，铁路工人运动转入地下活动。“五路联合会”（即京汉、粤汉、津蒲、正太、道清五条铁路工人的联合组织）得知圣诞会成立的消息，就密派王荷波（化名满玉纲，中共党员，“三大”中央委员）来青岛，与郭恒祥等人取得联系。他们了解了圣诞会的情况以后，对郭恒祥等人说：“圣诞会扎神棚、供神像是迷信思想，但是不管通过什么形式，只要把工人组织起来就好，不要光花工人的钱，要为工人多办些事情。”他又说：“你们组织的圣诞会，有铁匠、木匠、油匠，行不同心同，好比三兄四弟，应抱成一个团，拧成一股绳，这就叫团结。你们制会章、戴帽子、唱戏都可以，这能壮大工人的声势，可是一千条一万条，别忘了为工人兄弟办事。其他城市的工人成立了工人俱乐部，你们成立了圣诞会，不管名字如何，都应为工人利益和统治者抗争。”

郭恒祥等人接受了王荷波的教育，率圣诞会加入了“五路联合会”，印发了《四方机厂工人俱

乐部简章》，办起了工人图书室，组织工人自己演戏，还筹备工人夜校。这样，圣诞会开始发生了质的变化，逐步从行会性质的团体变为具有工会性质的群众组织。

1924年2月7日，全国铁路总工会筹委会在党的领导和关怀下，在北京秘密召开了全国铁路工人第一次代表大会，正式成立了中华全国铁路总工会。郭恒祥代表胶济铁路工人参加了这次大会，并选为“铁总”副委员长。郭恒祥回来后，更加积极开展工运活动。他除在码头工人中成立分会外，还到电灯公司、水道局工人中进行组织工作。对此，邓恩铭1924年3月18日在《关于青岛工运工作等问题致刘仁静的信》中曾说：“四方在青岛要算一最大的机厂，工人将近二千……近年来陆续新开大小工厂，大概都和他们有关系。水道局工人与电灯公司工人更密切，港口且早已成了四方的分会。总而言之，四方机厂俨然就是青岛总工会的象征……四方会长郭（郭恒祥）本来就不坏，自此次铁总会归来，勇气与决心更增百倍，他依然以山东总工会创办自任，以首领自期。现正进行电灯水道之组织，沙厂他已托人运动。”

这充分说明，这时的圣诞会已不仅是四方机厂工人的事，而且发展到其他工厂去了。圣诞会虽然与工会的名称不同，实际上已经成为党领导下的工会组织。

邓恩铭把主要精力放在了工人运动上。他深入四方机厂工人群众中，启发教育工人，进行马克思主义的传播。同年10月，通过在张店开展工人运动的王复元的介绍，邓恩铭与郭恒祥建立联系，并被聘为圣诞会秘书。在王荷波、邓恩铭、王尽美等人的帮助教育下，郭恒祥等圣诞会领导人的觉悟不断提高，诚心接受党的领导。郭恒祥、傅书堂等加入了中国共产党。圣诞会成为党领导下的青岛第一个工会组织。

四方机厂工人圣诞会成立以后，特别是接受了党的领导以后，组织发起工人向路局和厂方进行了多次斗争，为工人办了许多好事，帮助工人解决住房困难。日本人走了以后，四方机厂“南公司”宿舍腾出了一些房子。当时尽管有些工人没有房子住，也不分给工人。圣诞会成立后，郭恒祥等人就以圣诞会的名义从守卫室强行要出钥匙，把一些空房子分给了没有房子住的工人。

1923 年春节前夕，郭恒祥等人以圣诞会的名义，找厂长要求给全厂工人增加工资。厂方答应先给五分之一的工人增加工资，其余年内增加。

1923 年春，圣诞会又代表工人向厂长杨毅交涉，发给工人每人一套布料制服。虽然未能达到目的，但是在工人的压力下，厂方被迫将原来准备发给课长、领班每人一套呢料制服的事，也取消了。

1923年秋，木工纪子正（贞）突患中风死亡。郭恒祥等人以圣诞会名义与厂方和管理局交涉，要求做具棺材装殓死者，并将灵柩运回胶县原籍。厂方和路局答应了圣诞会的要求。起运前，圣诞会还在四方火车站举行了一次追悼会。

领班杜文福一贯为非作歹，随意辱骂和虐待工人。工人们恨之入骨，向圣诞会告发了他。郭恒祥等就将杜文福叫到圣诞会，命他跪在老君像前，严加训斥，并宣布开除他和所有领班的会籍。在场工人也同声怒责，杜文福当众哀告求饶，认罪悔过。这件事不仅打掉了杜文福的威风，也教育了其他领班。

1923年8月23日，胶济铁路局长刘琨借口遗失雨衣一件，派路警对四方机厂工人进行搜查，并将八名“嫌疑犯”送交法庭讯办。法庭以无证据而开释，刘琨复又下令将八名工人开除。圣诞会首先派郭恒祥等人多次与路局、厂方交涉，要求恢复被无故开除的工人的工作。不成，圣诞会遂即研究决定举行全厂总罢工，去路局请愿。这天下午3点，郭学濂拉响了汽笛，全厂一千二百多工人冲出工厂，包围了胶济铁路管理局大楼。郭恒祥等代表工人向路局提出被开除的工人立即复工，同时提出增加工资一角等条件，谈判僵持到午夜12点，铁路局终于被迫答应条件，罢工斗争获得胜利。

圣诞会在领导工人斗争中，声威不断提高，路局和厂方就千方百计破坏这个工人组织。他们一方面用提升领班、监工的办法，收买分化圣诞会的骨干；一方面用制定厂规等办法，监视管制工人的活动，1924年1月，厂方颁发了《胶济铁路四方机厂工人惩罚办法》，规定“聚众要挟，有煽动罢工之行为者”“扰乱公共秩序者”均列为被开除之列。同年8月18日路局又发布通告，严禁工人入党，并要填写“永不入党誓书”。

1924年3月19日（农历二月十五日）是圣诞会第二个圣诞会日。郭恒祥等人照例提前筹备敬神唱戏，并报路局、警察厅备案。但当工人自高密装运戏箱来青岛时，却遭路局所派军警阻禁，后经调说，终未酿成冲突。1924年3月24日，邓恩铭在《关于四方工潮事件致刘仁静的信》中，曾对这件事作了详细报告，信中说：“四方照例在二月十五日（指农历）敬神演戏，今年即事先预备一切，路局不表示态度，警厅则极为阻止，而海军陆战队则愿届时到场帮助，终以警厅与保安队以武力干涉相恐吓，路局复电高密以东各站派武警、军警阻止搬运戏箱子。当此事起，我们即每日不离该会，该会以铁总关系亦遇事相商。我们对此事不主张因此小事与路局冲突。他们因为从前组织不甚严密的缘故，恐一旦失败，则恢复颇不容易，故均以我们的意见为然，次日即照常上工，此事总算告一结束。”

3月5日的《民国日报》和3月26日的《晨报》更进一步报道说：四方机厂圣诞会，把拟于19日庆圣诞会演戏的通知照会各地方官厅。胶济路临时局长刘堃和警察署长成维靖，借口“水陆交通，地下不靖”而出面干涉，工人不理，派人去高密搬戏箱。路局即下令沿途各站，派军警武警阻挠，“若工人不服，即打死不论”。

工人为避免大流血事件的发生，停止了庆贺活动。

但是，路局决意要破坏圣诞会。在第二个圣诞日后的第二天，即3月21日，又增派路警进驻四方机厂，并宣布将圣诞会负责人郭恒祥等四人开除。第二天的《中国青岛报》上，对此作了具体报道：“路局派机务处办事员李继葆，前往晓谕并颁布告，略谓该工人代表郭学濂、郭恒祥、张吉祥等四人，提议演戏原为捐钱肥己，勿受伊等蒙混，除将该工人四名一并开除外，即限于二十二日一律上工，不得自误，致失生业，然闻工人等亦极坚持，拟非达目的不可。”

郭恒祥等人被工厂开除后，立即向邓恩铭和当时在青岛的中共山东地方负责人王尽美作了汇报，研究对策。这时，铁总会与圣诞会研究，决定邓恩铭为该四人的秘书。邓恩铭在《关于四方工潮事件致刘仁静的信》中，对四人被开除后的情形作了详细报告：

该四人即来找我们商量办法，一面命工友不可妄动。我们即当时替他们作了一呈文，用全体工人的名义，签名送交路局，次日他们又自作了一个送上，至今未得批示，现又草一个。我们以为，此事总以和平对待为妙，因四方为青岛最得力之工会，实有举足轻重之势，在此时各部（水电）尚未组织之际，一旦被敌方征服，则进行上必异常困难。故我们以为四人无论能否回去，决不激烈抵抗，俟实力充足再说。这四位工友亦颇明此意，均愿忍耐时日，作秘密活动。

1924 年 4 月 10 日《中国青岛报》也报道说：

随后圣诞会又用全体工人名义，签字盖印，先后分别向路局、督办公署送交程文，诉辩“以演戏敬祖师纯系甘心捐输，郭恒祥、郭学濂、张吉祥、耿化（华）山等实无勒索劝募等情”，要求准予这四人回厂复工，但始未准获。

于是郭恒祥便利用圣诞会的经费，在四方开办了一个“会仙居”饭店，作为党的秘密联络点。他不仅继续与四方机厂的工人保持密切联系，还接待了中共山东地委派来青岛支援工人罢工的刘俊才、王元昌等三十余人，以及“铁总”派来指导工作的代表吴雨铭等人。

路局自开除郭恒祥等四人以后，对工人的压迫日甚一日，以前工人在厂自由开会，现在如稍一偷闲，被监工看见，即遭重罚。

1924年9月，江浙战争爆发，全国形式紧张，路局借此机会终于将圣诞会封闭了。据9月9日《大青岛报》报道：

8日路局以“值此战云弥漫之际，难免无过激派乘机煽惑鼓动风潮”为借口，“特令知警务处饬四方机厂厂警将前设立之圣诞会迫令取消”。

圣诞会虽然被封闭了，但四方机厂工人的斗争并未停止。同年10月，在邓恩铭的帮助教育下，总结了圣诞会的经验教训，又秘密成立了四方机厂工会，继续坚持斗争。

四方机厂工人圣诞会从成立到被封闭，虽然不到两年，但影响很大。它是我党在青岛培育起来的第一个具有工会性质的工人组织，有利地推动了青岛工人运动的发展，成为青岛第一个工运高潮的起点，中央和山东省委都对它有很高评价。1924年5月14日，中国共产党召开三届三次执行委员会会议时，在中央局报告所附山东地方报告中说：“现在青岛一带如水道部、电灯部、港工……对于该四人及信仰，尤其是沧口至青岛一带之沙厂工友——两万余人，亦信仰圣诞会及某其之个人，所以亦有组织的希望。”

1925年1月，中国共产党第四次全国代表大会决议案中，在谈到中国职工运动的过去状况及趋势时说：“二七”以后“工会组织只有山东胶济铁路出现一次，然而不久公开的活动仍旧被禁止了”。这里所说的工会组织即指圣诞会。

圣诞会解散后，邓恩铭以圣诞会秘书身份召集四方机厂三十余名工人积极分子在“三义学校”四方机厂工人积极分子活动地点开会。邓恩铭说：学生有学会，商人有商会，工人也应该有工会；我们工人有组织工会的权利，组织起来就有力量。发动大家秘密发展工会会员，建立四方机厂秘密工会。

在远离故乡的山东从事紧张的革命工作，使他无暇回乡。远在贵州荔波县的父亲希望他早日回乡成亲，另谋差事，养家度日。

邓恩铭回信说：

儿生性与人不同，最憎恶的是名与利，故有负

▷ 被捣毁的青岛《民国日报》报馆

双亲之期望。但所志如此，亦无可如何。在婚姻事，早已将不能回去完婚之意直达王家，儿主张既定，决不更改，故同意与否，儿概不问，各行其是可也。

这种革命精神，在他的词作《江城子》中表现得更为充分：

长期浪迹在他方，决心肠，不还乡。
为国为民，永朝永夕忙。

简短数语，表现了邓恩铭不为个人功名利禄所累，而为党的事业矢志不移的高尚品质。

四方燃工运

☆☆☆☆☆

（24岁）

1925年2月8日至16日，四方机厂工人在邓恩铭的领导下，利用胶济铁路全线罢运罢工的有利时机，举行了为期九天的全厂大罢工。

1925 年，北京政府交通部和胶济铁路局内的江浙系，同山东地方势力和胶济铁路局内的山东派之间，围绕胶济铁路运价等问题矛盾斗争尖锐化。2 月 8 日，在山东地方势力的政客、资本家和路局内山东派首领车务总段长马廷燮、机务处长孙继鼎的操纵下，开始在全线罢运罢工，要求“驱阚赶朱”（阚指局长阚铎，朱指副局长朱庭祺），向交通部示威。据当时的上海《申报》报道：这次罢工场面非常之大。铁路工人用枕木和钢轨封锁了铁路线，司机熄了炉火，各站、段工人全部停止工作，未开出的客、货车一律不许开出，开出的客、货车开到哪里，就停在哪里，不再开动。胶济铁路全线瘫痪了。罢工事件震动中外，影响很大。

邓恩铭分析了青岛的形势，认为党在山东的力量，还不能控制胶济铁路全局。胶济铁路全线罢运罢工，主动权不在我党手中，但四方机厂的罢工可以控制。

在胶济铁路酝酿罢运罢工之初，邓恩铭召集了四方机厂党员和积极分子二十余人在三育小学开会，研究路局的形势，布置同时举行罢工事宜。经过研究分析，认为当前形势有利于工人运动的开展，敌人内部的裂痕可以利用。参加罢工可以提高工人觉悟和斗争能力，显示工人阶级的巨大力量，打击封建军阀和买办阶级，于是研究提出了参加罢工的五项条件：（1）恢复被开除的郭恒祥等人的工作；（2）承认工人有自己的工会；(3) 不分领班、工匠、小工、学徒，每人每月增发工资六元；(4) 速发年终奖金；(5) 工人和员司享受同等福利待遇，要发给大煤和房金。(据 1928 年 12 月出版的《第一次中国劳动年鉴》第二编第二章《四方工厂工人罢工》中记载，工人之要求为四项：①工人免交房租；②缩短劳动时间；③增加工资；④承认工人俱乐部。）会上决定以傅书堂、丁菊畦、纪子瑞等为四方机厂工人代表，与路局内山东派商谈参加罢工问题，并成立了罢工委员会和宣传队、纠察队。

但是，路局内的山东派筹划罢工是“驱阚赶朱”，向交通部示威；四方机厂工人参加罢工是在我党领导下为争得工人自己的利益，二者有本质的区别。因为各有打算，谈判破裂。傅书堂等人向邓恩铭汇报情况时，正值中共山东地方执行委员会负责人王尽美在场，他对代表们说：“我们和他们合作本是一种手段，谈判破裂了也很好。”意思是说，工人阶级的斗争要联合，但不能依附，谈判成功与失败，都不影响工人阶级以我为主积极斗争。

四方机厂工人也在 2 月 8 日开始罢工了。

胶济铁路全线罢运罢工第三天，山东军政头目出面收拾局势。山东军务督办郑士琦以“山东军务善后事宜公署”的名义，派镇守使施从滨“前往查办谕令即行开车，并派山东兵工厂厂长李钟岳随同前往暂为护理该路局局长事务”。2 月 11 日，李钟岳在武装护卫下，接任了局长职务。

△ 四方机场大罢工

全线恢复通车，山东地方势力取得了胜利。

胶济铁路全线恢复通车后，四方机厂工人没有复工，继续坚持罢工。同时，党组织广泛宣传和公开组织工人参加工会，成立了工会小组、支部和全厂工人委员会，并对工人进行阶级教育，使广大工人团结在工会和党组织周围，坚持斗争。罢工的第七天，新任胶济路局局长李钟岳派警务处长景林率路警荷枪实弹到四方机厂，胁迫工人复工。但工人们并不害怕，与其讲理，在工人们的严词驳斥下路警退出了工厂。

罢工的第九天，同情工人运动的青岛《公民报》每天都开辟专栏，登载罢工新闻。不少进步民众团体，也纷纷写信支持公认的合理要求。北洋军阀政府一天数次电报，督促管理局迅速复工。管理局实在无法，李钟岳亲自会见工人代表，说要答复工人要求的事项。当时路局的答复是：（1）同意恢复被开除的郭恒祥等四人的工作；（2）承认工会但要报警察厅批准，厂方承认工人代表，有事可找代表商量；（3）增加工资要交通部批准，但保证一定增加；（4）年终奖金照发；（5）房金也要交通部批准，大煤可以买。

在会仙居饭馆，王元昌对邓恩铭说："很多工人都不同意复工哩！"

"你自己的看法哩！"邓恩铭问他。

"管理局太顽固，现在复工是不是妥协？"

"你的看法哩？"邓恩铭问郭恒祥。

郭恒祥想了想说："可以复工，一口吃不成一个胖子。"这位工人干部的斗争水平提高了，邓恩铭十分高兴。

邓恩铭说："不能要求一次斗争解决一切问题，要适可而止，只要答应复工条件的60%，就是胜利。"于是决定第二天复工。

2月18日上午，工会召开了全厂工人大会，庆祝罢工胜利，动员复工，并正式挂出了"胶济铁路总工会四方分会"的牌子。会上，燃放了鞭炮，并合照了"胶济铁路总工会四方分会全体罢工胜利纪念影"。之后，又正式成立了胶济铁路总工会，产生了胶济铁路总工会执行委员会。执委会有执行委员17人，丁子明任委员长，傅书堂、孙义昌任副委员长（一说傅书堂任秘书），万锡会、于德光、刘沂治、尹振邦、马相楷、傅友松、伦克忠、韩文玉、于伟功、纪子瑞等任执委（有四名执委姓名不详）。由于执委会成员绝大部分是四方机厂工人，所以当时的胶济铁路总工会和四方机厂分会，基本上是一套领导班子。总工会会址开始设在四方村庙旁，以后又迁到四方村河东崖私立小学前院。当时总工会下设六个分会：第一分会设在青岛，第二分会设在高密，第三分会设在坊子，第四分会设在张店，第五分会设在济南，第六分会设在四方机厂。

这次罢工斗争，对青岛工人运动影响很大。青岛大康、内外棉、隆兴、钟渊、富士、宝来等日本纱厂以及水道局、电话局、啤酒厂、祥太木厂、铃木丝厂等，都相继成立了工会。

在成立工会的同时，邓恩铭积极在工人积极分子中发展党员。1925年3月，邓恩铭建立了四方机厂党支部，书记是傅书堂，成员有纪子瑞、王延兰、李俊泽等。

纱厂掀怒潮

（24 岁）

邓恩铭在四方机厂工人与胶济铁路总工会成立后，迅即在日商纱厂筹建工会。苦难的纱厂工人受到四方机厂罢工胜利和上海日商纱厂大罢工胜利的鼓舞，认识到成立工会的意义，都踊跃参加。到 4 月上旬，四方的大康、内外棉、隆兴三纱厂及附近各小厂均在酝酿中。大康纱厂进展尤快，秘密报名者已有八九百人，占全厂工人的六成。日本厂主发觉后，4 月 14 日趁工人上班时，派人闯进工人宿舍，搜去会员名册，抓走工会人员三名，严刑拷问。工人愤怒，工会秘密决定反击。

邓恩铭亲自主持起草了《青岛大康沙厂全体工人泣告书》，宣传工人的悲惨状况，揭露日本厂主的野蛮行径，呼吁各界给予援助，成立了工会。《泣告书》撒遍大街小巷。

邓恩铭与工人代表一起商议，通过了二十一条要求，限24小时内答复，否则罢工。“二十一条”主要内容有：承认工会为工人正式代表之机关；日工加薪，每人一律加大洋一毛；包工加薪，按原薪增25%；夜工饭钱，自本月起，一律增加一倍；取消押薪制度（即入厂保证金）；取消二割引制度（即扣20%工资强迫无息储蓄）；工伤者工资照发；一律免收房费；延长吃饭时间至一小时；以后不得打骂工人；每年给假一个月；女工每月给生理假两日，工资照发；童工时间每日不得超过八小时；如违犯厂规，由工会同意始得处分之；公司所罚工人之款，应交工会作教育工人之经费；此后不得借故开除工人代表；此后公司待遇工人应一律平等；工人有获得公司花红之利益；不得扣除罢工期间工资等等。日本厂主拒不答复。4月19日晚9时，工会发出罢工令，工人们一齐关车，罢工开始了。

罢工指导委员会主席为邓恩铭，成员为王象午、孙秀峰、王用章、孙义昌、司铭章、苏美一、李敬铨、李笃生、阎思栋、赵志喜，后来又有李慰农、王蔚明等。指委会设组织、秘书、宣传、交际、会计、庶务、交通等股，以及纠察队与宣传团。

罢工发生后，日本厂主除向其领事馆和本国政府报告外，又向青岛官厅要求保护。胶澳商埠局警察厅当即派出军警百余人开赴四方，将日本人住宅严加保护起来。厂方停止了工人们

△ 纱厂同盟大罢工

的粮食供应，企图“饿死”工人。工人全体上街游行，手持小旗，高呼："我们要活命！”“中国人不是奴隶！”等口号，又散发了第二个《泣告书》，呼吁各界同胞给予支援。

邓恩铭为解决罢工工人的困难，壮大罢工工人的队伍和声势，决定发动日商纱厂工人举行同盟大罢工，支援大康纱厂。

当日下午，四方机厂一千四百余工人怠工，声援大康工人。之后，邓恩铭派人到各纱厂联络，发动同盟罢工。

23日，内外棉纱厂三千多工人罢工，也向日本厂主提出类似大康工人的要求。

24日，隆兴纱厂两千多人罢工，至此四方三纱厂均已参加。

25日，台东的日商铃木丝厂工人正待罢工，被日本厂主发觉，宣布停产，资遣工人回家。

29日，沧口的钟渊纱厂五千工人实行罢工，富士纱厂工人正要响应，也被厂主停产，资遣工人回籍。至此，从四方到沧口以及台东，参加罢工的工人达到一万八千余人，规模之大为历史上所未有。

胶济铁路的总工会在纱厂罢工开始后，在邓恩铭的指导下紧急成立“纱厂后援会”，通知各分会募捐支援。四方机厂全体工人立即捐出一天工资。钟渊纱厂工会联合“宝来”等七家工厂工人组成“工人互助会”。沧口卷烟女工联合会、大港卷烟工人联合会、沧口电灯房、大港造船所等工人纷纷捐款。青岛大学学生会成立“后援会”，上街宣传募捐，各界人士和郊区农民也热情解囊。

邓恩铭等领导的青岛纱厂工人同盟大罢工，得到了全国工人阶级的关注和支持。中共中央5月4日发出通知，称“青岛日本大康纱厂罢工事件，其成败关系北方劳动运动及上海纱厂工人运动影响甚大。望同志们设法运动当地各团体发电声援”。全国铁路总工会派人携款前来慰问。上海总工会汇来首笔捐款2000元后，又派江元青、张佐臣到青岛，代表上海20万工人慰问罢工工人。济南成立“青岛纱厂罢工后援会”，致书山东当局，要求替中国工人说话，并发动募捐。

罢工初期，日本厂主态度强硬，拒绝与工人代表谈判，并屡耍花招，进行拖延。然而，当他们看到罢工声势日渐浩大，工人意志如钢，工厂的损失日趋严重时，厂主们恐慌起来。4月23日，各纱厂厂主纠集起来，研究对策。25日，又齐聚大康纱厂密谋，事后宣布："凡在罢工期间内照常上工者，每日加给工资六成，在风潮开始后上工者加赏八成，风潮将息先自上工者，永久增加工资四成。"日本厂主以为，用几个钱即可达到收买人心破坏罢工的目的，但他们错了，"工人对此项悬赏并不介意"。钟渊纱厂厂主为转移斗争视线，拉拢工头，企图达到"以工头制工人"、"以华人制华人"的目的，并不惜重金收买地痞流氓，到工人居住密集的地方，进行反罢工宣传，散发反动传单。但是，工人对此不予理睬，罢工斗志更加坚定，特别是绝大部分工头都已觉醒，坚定地站到工人的一边，甚至成为罢工的骨干力量。就在日本厂主密谋的同时，四方各纱厂工会召集工人代表开会，就罢工问题"征求男女各工人志向，以期坚诚而免为利诱或威逼，致中途生变"，"当时全体赞成，坚持到底"，并表示，"无论发生若何危险，及身体受若何痛苦，誓不反悔。以期达最后目的"（《晨报》1925年4月30日）。

于是，日方加紧向北洋政府施加压力。4月25日，日驻华公使芳泽向北京段祺瑞执政府要求“采取有效措施”。30日，日驻青总领事崛内夜访青岛戒严司令部。5月1日清晨，再访胶澳督办温树德，提出逮捕“外来煽动者”、搜查工人宿舍、取缔劳动节活动三项要求。胶澳督办温树德立即派出军警到四方威慑。

在领导纱厂工人大罢工时，邓恩铭经常出入在日商纱厂中，这很快引起了胶澳商埠和日本人的注意。他们派出大批暗探对邓恩铭进行盯梢，查清了邓恩铭的具体住处后，1925年5月4日，邓恩铭正在主持罢工工人领袖会议时被捕，当时青岛的《晨报》、《新闻报》都进行了报道，只是把“邓”字误写成“佟”或“董”字。

此次被捕是邓恩铭第一次被捕。中共山东省委及青岛的党组织进行了积极的营救工作，并号召纱厂工人继续罢工。在各方面的积极努力下，1925年5月11日，邓恩铭被释放，随即被青岛方面驱逐出青岛。

但这时李慰农已由中共中央和山东地委派到青岛，继续担负起领导党团和工运的重任。5月5日，马克思诞辰107年纪念会在四方机厂举行。来青岛指导的中共山东地委书记尹宽到会作了报告。温树德一时未敢动手。

于是亲日派青岛总商会会长隋石卿出面，偕戒严司令部副官长徐养之，在日本领事崛内与罢工委员会之间调停。罢工领导人认为获得一定成果可以适可而止了。5月7日达成九项协议，

日紗廠工人二次罷工

△ 报道罢工的报纸

主要是增加工人伙食费每日 1 分钱；因工受伤，厂方支付医疗费；吃饭时间休息 30 分钟；午前及午后 3 时各休息 10 分钟；罢工期间支付两天工资，不得任意打骂工人等。九项协议虽与“二十一条”要求相去甚远，但毕竟是厂主让步，日本人低头了，工人莫不高兴。5 月 10 日举行罢工胜利大会。三纱厂上万工人手执“罢工胜利”、“拥护工会”、“打倒日本帝国主义”的旗帜踊跃参加。会场设于四方火车站西，高竖“罢工取得胜利”红旗，代表们争相演说。继而举着工会牌子大游行，队伍长达数里。最后又各在本厂门前举行厂工会挂牌仪式。第一次同盟大罢工胜利结束了。

1925 年 5 月 10 日，三纱厂工人复工。数日后，刚在广州举行的第二次全国劳动大会上当选为全国总工会副委员长的刘少奇，由出席大会的青岛代表、四方机厂的傅书堂、伦克忠陪同，到青岛视察工运。他听取了李慰农等的汇报后，主要指出四点：(1) 青岛工人特别苦，应当进一步发动工人斗争，继续改善待遇；(2) 工会是工人的台柱子，要把工会组织好；(3) 要组织工人学习革命理论，提高思想；(4) 敌人相当强大，凶残又狡猾，要学会斗争艺术，特别要提高警惕，防止敌人反扑，防止上当受骗。在此前后，中华全国铁路总工会、中共山东地委等负责人罗章龙、吴雨铭、尹宽、王翔千、王用章、王复元、刘俊才等也来青岛视察指导工运。工会组织蓬勃发展。大康、内外棉、隆兴三纱厂成立四方纱厂工会联合会，三纱厂的女工又成立起“女工执行委员会”，马玉俊为委员长。全市有数十家工厂成立工会，并挂起了工会牌子。铃木丝厂、水道局等厂方怕发生罢工，竟主动增加工资或改善劳动条件。

5月10日三纱厂复工不久，日本厂主张贴通告，大康25名、内外棉与隆兴26名，共51名工会领袖、罢工骨干被开除出厂，司铭章、苏美一、李敬铨、李笃生等均在内。继而要求胶澳当局必须取缔三厂工会。5月14日，胶澳警察厅传谕三纱厂自行摘去工会牌子，否则将强行摘除。三厂工会联合会决定收拾好文件，以防万一，并立即派纠察队通知全体工人，如警方来人三厂同时停工，但人不离厂。

25日下午3时，胶澳警察厅厅长陈韬率保安大队三百余人来到四方，分别将三工会牌子摘下，并勒令工会解散。于是三厂同时停工，并据守工厂，将陈韬等人包围。在大康厂中，工人们坚决要陈归还工会牌子。陈韬走到哪里，工人们跟到哪里，从大康跟到内外棉再到隆兴，坚决不让他脱身走掉。一直跟到晚上9点，陈韬为求脱身，只得吩咐将工会牌子归还纱厂，才狼狈而回。工会牌子重新挂了起来。三纱厂工会决定“夜班照常开工，白班凯歌出厂”。但日本厂主恼羞成怒，竟宣布停电停产。于是工会改下罢工令。第二次同盟大罢工开始。

5月27日，日本驻华公使芳泽向北京政府外交总长沈瑞麟提出“强烈抗议”:“暴动化关乎日本人生命财产之安危，请中国政府速取适当措施”，并指名“请急派在济南山东督办之军队前往保护，采取有效适当之处置”，威胁说“如华官不能取缔不法之暴动，则日本出于自卫手段，实属势所当然”。日本政府下令停泊旅顺口的“樱”号、“桦”号二舰急驶青岛,在佐世保的“管内”、“点呼”、“龙田”三舰整装待命。北京政府电催张宗昌从速行动。日本驻青总领事崛内数见胶督温树德。樱号、桦号开到胶州湾，即“鸣炮数十发”，大施恫吓，温树德急电张宗昌。是时张宗昌已挤走皖系的郑士琦正式当上山东督办，为讨好日本人，并伺机夺取青岛地盘，乃电复温树德:“地方官宪有维持治安的权力，有必要即可开枪。”同时急调其张树勋旅东进。温树德因其靠山郑士琦失势离鲁，为保地盘，讨好张宗昌与日本人，决意武力镇压。

5月29日凌晨3点，两千多名军警开进四方，包围了大康、内外棉、隆兴三纱厂及工人宿舍。工人们据厂不撤，温树德下令开枪。厂内的日本人也在楼上乱射。冲进厂内的军警还到处追杀。当日工人被杀者八人，重伤十七人。躲在厂内的童工和女工，逃到棉花包中、趴在地沟里被搜出枪杀或窒息者不知确数。这便是震惊全国的“五·二九青岛惨案”。次日,英帝国主义制造了“五卅”上海惨案。两起惨案仅一日之隔，时称“青沪惨案”或“沪青惨案”。

在惨案发生过程中，三纱厂工会及胶济铁路总工会等均被封闭,并搜捕工会骨干七十五名，数百人被通缉，三千余“不良工人”被开除，遣返原籍。第二次同盟大罢工暂时被残酷镇压下去。

㊀ 岛城再播火

☆☆☆☆☆

（24岁）

“五·二九惨案”时，邓恩铭正在养病，他收到王尽美从济南写来的信后，知道了事件的真相，就连夜赶回了青岛。

回到青岛后，邓恩铭立即与李慰农一起，以青岛党组织的名义，给刚离开青岛的刘少奇写信汇报了“青岛惨案”的经过。刘少奇指示青岛党组织：广泛发动群众，宣传惨案的真相，揭露日本帝国主义和反动派的暴行，争取各界人民的支持。同时汇来中华总工会捐款2200元，北京学生会捐款2000元，以救济罢工工人。

“青岛惨案”发生的当天，中共四方支部即派党团员、工运积极分子分赴各大中学校、报界、银行等单位揭露惨案真相。在全国人民的声援下，青岛人民的爱国热情空前高涨，全市三十万人口中有近十万人参加了反帝爱国运动，上百个单位成立了后援会，大小集会数百次，仅万人以上的集会就有三次。

“青岛惨案”发生的当晚，青岛大学学生自治会即召开全体学生大会，声讨反动军阀张宗昌、温树德勾结日本帝国主义屠杀纱厂工人的罪行。次日，青岛学生联合会召开会议，二十多所学校的五十余名代表参加，会议决定：全市学生一律罢课，印发宣言，组织宣传队、募捐队。“五卅惨案”发生后，青岛大学学生又成立了“沪案后援会”。针对蓬勃发展的工潮和学潮，胶澳警厅拟订了五条禁令:(1)本埠各学校预防有开会运动情事，如有上项举动表示作为后盾者，即切实劝止;(2)注意调查户口，以防奸人匿迹，从中煽惑，扰乱治安；(3)严禁造谣生事，如有散布不当之传单、告白，即严行查办;(4)各厂工人须随时开导，安心照常工作，勿听浮言，自相惊扰;(5)水陆各处的来往旅客，一律严密查察。对此，青年学生置若罔闻。6月8日，上万名学生上街游行，声讨帝国主义屠杀中国人民的罪行，并作出三项决议，号召全市学生执行：(1)凡属英日纸币，一律拒绝使用；(2)凡属英日两国货物，拒绝不用；(3)尽力募捐，救济罢工工人。6月11日，五千余名学生再次集会，上街游行，散发反帝爱国传单。学生们均臂缠黑纱，手持白旗，上书“援助沪潮，誓死力争。唤醒同胞，抵制劣货”等字样。胶澳当局害怕学生有“越轨行为”，故当学生在齐燕会馆集会时，胶澳当局的军政

△ 邓恩铭

长官王翰章、徐养之、陈韬等慌忙到场，劝阻学生游行。但是，学生们的反帝爱国热情是压制不住的。13日，又有数百名学生分三十余组，每组五人或十人不等，手持讲演团的旗帜，在街头来往演讲，一边揭露帝国主义的罪行，一边募捐。“各地听讲者，人如云集，听者无不为之感动。”（《益世报》1925年6月13日）此外，青岛大学和职业学校的学生还成立了话剧团，编排《五卅血》、《投笔从戎》等话剧，到工人、机关和街道进行募捐义演，募集的物品和现款，一部分救济青岛失业工人，一部分汇寄上海。

6月16日，邓恩铭、李慰农组织青岛各界举行雪耻大会。参加大会的有胶济铁路总工会、“沪青惨案”后援会等七个团体的成员及十七所学校师生共三万余人。各界代表争先登台演讲，号召英、日工厂商店工人罢工，码头工人拒绝装卸英、日货物，强烈要求胶澳督办公署对英、日严重交涉，释放因罢工被捕的全部纱厂工人代表。当时的《申报》报道：

“上午十二时，青埠各学校及各团体，齐集齐燕会馆，开市民雪耻大会。当场议决实行与英日经济绝交，并表示种种进行方法毕，各学校及各团体排队游行。队前大旗，旗上书‘雪耻大会’。每人手执白旗，上书‘国家存亡，匹夫有责’及‘推翻强权，坚持到底’字样。沿途秩序整肃，每行三分钟，发口号一次，大呼‘经济绝交！’‘誓死力争，挽回国权！’等语。路过总商会时，有李筱坡君，双膝跪地，直向总商会高曰‘经济绝交’十余声，表明请求商会从速通知各商家之意。继至督办公署，停止一小时之久。三万余人均立于炎日之下，汗滴如雨，声响如雷，绝无稍现疲倦之态者。内有因伤热昏倒地者二人，旋由医院治愈。继而折回经英日各领事署而至警察厅，请愿释放日纱厂被捕工人。警厅长陈韬即允请示督办释放。再经巨商刘子山门首，由众人高呼捐款援助罢业工人。刘子山因事赴津，其夫人使人送出大洋二百元。及至第四公园，时已四点，各学校及各团体遂按定次序，先后分散。计加入此会者学校有青大、青中职业学校、礼贤中学、西镇小学、明德中学、女子职业学校、模范小学等一七所学校。各团体有钱钞部沪案后援会、土产同业沪案后援会、市民雪耻会、棉纱同业沪案后援会、胶路工人沪青惨案后援会等七团体。其余各团体，由少数代表均不计算。人数共有三万余名。"

胶澳商埠职业学校的学生还在新舞台义演了《五卅血》等反帝爱国戏剧，进行募捐，演出时，"天忽下雨，但观者仍络绎不绝。第一幕《五卅血》，台上演员尽情发挥，四座莫不泪下"（《工人之路特号》十八号，1925 年 7 月 22 日）。在强大的社会舆论压力下，胶澳当局于 17 日释放了已关押半月多的 58 名工人。7 月 11 日，警察厅又将四方纱厂工人代表 11 人释放。

6 月 17 日，由胶济铁路总工会、学生联合会等进步团体出面，联合全市 42 个团体成立了"青岛市各界联合会"。在青岛各界联合会成立会议上，胶济铁路总工会、青岛学生联合会和青岛市总商会等 36 个团体，在山东路商会礼堂召开会议，讨论对英、日经济绝交问题。商界代表隋石卿、马华堂等竟高唱"排英不排日"的滥调。永源盛经理马华堂竟然无耻地说："种谁家的地，纳谁家的粮，我们不管亡国不亡国。”近千名学生、工人冒雨包围会场，怒打马华堂，才迫使商界代表接受了工界、学界的意见。

青岛市各界联合会的成立，英、日资本家十分恐慌，暗地指使胶澳商埠警察厅督察长以政界身份参与操纵，并利用商界代表进行破坏，使联合会失去了原有的性质和作用。为了进一步加强工人阶级的联合，7月6日，胶济铁路总工会联合各业工会成立青岛工界联合会。工界联合会成立大会召开时，出席的有新港政局、水道局工人俱乐部、胶济铁路总工会等团体，选举委员八人，孙义昌当选委员长，并决定发表成立宣言。为继续领导全市人民进行反帝斗争，青岛党组织决定，各工厂、学校代表退出各界联合会，由胶济铁路总工会联合学生会等进步团体，成立“青岛市各界外交促进会”。7月11日，由胶济铁路总工会、青岛学生联合会和教职员联合会发起，在青岛大学召开青岛各界外交促进会成立大会。大会通过了章程，推选观象台负责人宋国模为委员长，胶澳商埠职业学校学生李萼（李仲蔚）为副委员长，有21个社会团体参加外交促进会。青岛工界联合会和青岛各界外交促进会成立后，积极发动群众开展募捐和抵制英、日货等活动。

就在全国人民和世界进步人士同声声讨帝国主义和反动军阀的滔天罪行时，山东军阀却肆无忌惮地镇压人民群众的反帝爱国运动。从4月下旬到7月下旬的近三个月中，山东督办张宗昌、胶澳督办温树德等先后发布了几十道镇压罢工和取缔反帝运动的命令。青岛的白色恐怖在加剧。

“五·二九大屠杀”后，日本厂主为彻底制服工人，根绝后患，采取了一系列整顿措施。首先继续裁减或开除原有工人，留用的工人须重新登记，并填写“誓约书”，保证不入工会、不参加罢工、绝对服从厂规等。同时招募灾民贫民入厂补充，厂主们不愁劳动力缺乏。所以6月10日开工后，对工人的监视更加严酷。惨案前与工会达成的九项协议早成废纸，对工人的打骂变本加厉。工人们的痛苦日甚一日，怒火也与日俱增。

鉴于上述严峻形势，邓恩铭等青岛党组织的负责人更加注重工作的隐蔽性，他提醒党团员要注意工作方法，尽量减少不必要的损失和牺牲。

7月22日，大康纱厂有一名李姓童工（12岁）无故被打成重伤，昏倒在地。全厂工人义愤难遏，在中共四方支部的发动下，经过酝酿，遂向厂方提出十项要求，限四小时内答复。主要内容有：承认工会；增加工资，履行上次罢工的复工协议；抚恤死伤，死者三万元，重伤一万元，挫伤五千元；上次工潮失业者复职；今后不得无故开除工人等。十项要求提出后，厂主置若罔闻，全厂遂即罢工。内外棉、隆兴二厂闻讯响应，开始了第三次同盟大罢工。

日本资本家认为“五·二九惨案”武力镇压有效，要求张宗昌如法炮制。张宗昌甘心效力，即于7月25日急速自济南抵青。当晚日驻青总领事崛内率日商纱厂各厂主与青岛绅商数十人设宴为张“洗尘”。席间众口同声诬称罢工为“乱党赤化”，“唯恐天下不乱”，必须予以严惩。两国资本家当场奉上30万元“助饷”。张宗昌大喜，乃命令其前敌执法副司令尹德山于次日（26日）指挥大队军警，凌晨开赴四方，对三家日本纱厂和工人宿舍，封锁交通，大肆搜捕。两天内共捕去共产党、国民党、工人、学生、爱国人士数十名，被通缉者上百名，惊惧逃亡者600余人，挨打受辱者不计，财物损失无算。全市戒严，一片恐怖。第三次同盟大罢工被镇压下去了。

被捕者有罢工主要领导者、中共四方支部书记李慰农、干事丁子明，中共山东地委委员刘俊才，工人领袖孙义昌、赵石恪，同情工人的《青岛公民报》主笔胡信之、编辑段子涵、董事长刘祖乾等。

7月29日，李慰农、胡信之受严刑不屈，英勇就义于团岛刑场。

李慰农是最早牺牲在青岛的共产党员。当他牺牲的噩耗传到上海时，中共中央正在召开执委扩大会议，总书记陈独秀提议暂停会议，为烈士志哀。会议还决定，广泛搜集李慰农烈士事迹，编成宣传材料，号召全党学习。

刘俊才被捕后侥幸逃脱，丁子明等被关押于济南监狱。邓

◁ 李慰农

恩铭、傅书堂等均被通缉。胶济当局严密封锁镇压消息，掩盖镇压罪行。

胶济铁路总工会派出代表分赴京沪揭露控诉。邓恩铭亲自代盛兴泉、孔宪春写了《胶济铁路总工会代表泣告书》，二代表到上海后，在全国总工会上海办事处的支持下，散发了《泣告书》，向各界演讲了“五·二九”、“七·二六”两次镇压经过及李慰农、胡信之被害真相，指出罪魁祸首一为日本帝国主义，二为军阀。伦克忠、韩文玉二代表到北京后，得到中共北京区委和国民党北京执行部的大力支持。8月16日，在中央公园举行的“追悼全国各地惨案死难烈士大会”上，伦克忠和胡信之母亲登台作了血泪控诉。日共代表崛一郎当即捐款一万元，汇寄青岛。李大钊、宋庆龄、于右任也均在场。北京学生联合会据此编印《张宗昌祸鲁十大罪状》。张宗昌派人将伦克忠、韩文玉抓捕，押回济南。9月6日，伦克忠不屈被杀。

8月11日，中共中央、共青团中央联合发出《告工人学生与兵士书》，指出："日本帝国主义的工具张宗昌不止一次地屠杀罢工工人及工运领袖，借此表功于日本帝国主义，这班帝国主义鹰犬帮助帝国主义屠杀中国人民的军阀，乃是人民的公敌。人民应该联合起来，像打倒帝国主义一样打倒他们。”

邓恩铭满怀悲愤地画了一幅题为《张贼宗昌之残忍》的漫画，揭露张宗昌的丑恶嘴脸。

青岛日商纱厂三次同盟大罢工，历经4月、5月、7月波澜起伏的100天，在青岛、山东和全国工人运动史上写下了壮烈的一章。它证明青岛工人阶级在中国共产党领导下，登上了政治舞台。三次大罢工，一次获胜，两次受挫，说明斗争策略灵活运用的重要性。青岛日商纱厂三次同盟大罢工以其英勇的斗争精神与巨大的代价，为伟大的五卅爱国运动做出了重要的贡献。

为了镇压工人运动，青岛的敌人进行了大搜捕，大街小巷张贴着通缉邓恩铭等人的通缉令，邓恩铭在群众的掩护下，机智巧妙地躲过了一次次的盯梢与追踪。一天，邓恩铭随身带着党的文件及手枪外出，走在大街上，他发现有几个形迹可疑的人死死跟在他的身后，他转了几条小巷，跟踪的人紧随其后，最后邓恩铭走进了一家他熟悉的理发店，跟踪的人把理发店门口死死围住。

理发店的一位张师傅是理发工会的会员，与邓恩铭熟悉。邓恩铭从容地选了一个从理发镜中可以看到店门的座位，邓恩铭镇定地坐了下来，从理发店的镜子里看着外面的动静，他暗示着理发的张师傅。张师傅以洗头为名，把邓恩铭领到洗脸池边，并悄声说："快！走后院，翻墙出去。"就这样，邓恩铭逃过了暗探的追捕，然后又经过化装，走行七八十里，来到一个小火车站，登车离开青岛。

 受命于危难

☆☆☆☆☆

（24岁）

邓恩铭离开青岛后得知，他的老战友王尽美患了重病在家休养。这个不幸的消息让他不安，多年来的共同学习、共同战斗使他们结下了深厚的友谊，他立刻坐车去探望战友。

王尽美患结核病已经是三期了，由于工作劳累，营养不良，经常吐血不止。邓恩铭的到来，让他的病顿时减轻了几分，他挣扎着从病床上坐起来。

王尽美很关心青岛的情况，第一句话就问“党组织的情况怎么样？”当他知道青岛的党员不是减少而是增加后，放心地笑了。

他紧握着邓恩铭的手说：“中央已同意你担任山东地委书记……挑起这副担子吧！”

邓恩铭一阵心酸。

“你觉得最大的困难是什么？”王尽美问他。

邓恩铭把这段时间一直在思考的问题谈了出来：“在敌强我弱的中心城市，职工运动究竟走什么样的道路？”

王尽美说：“我也在思考这个问题……工人是不是应该同农民联合，就不会孤立……”

邓恩铭点头赞同。他们的观点是一致的，邓恩铭非常高兴。

8月19日，年仅27岁的中共山东党组织创始人王尽美不幸病逝。在这危难之际邓恩铭出任山东地方执行委员会书记。

邓恩铭在济南仍住在叔叔黄泽沛家中。他每

◁ 王尽美烈士纪念馆

天出出进进，为革命事业奔波，堂弟和弟媳都看在眼里，劝他："外面风声很紧，你千万要小心啊！"

邓恩铭总是笑笑说："不怕，人总是要死的，有的人不做什么事，还不是也死了。"

9月20日,他收到家里的来信,家乡遇灾,家里缺粮，弟弟们写信要钱接济。邓恩铭回信说:"我无分文汇回去，使老少少受点穷苦，实在是罪过！"同时还愤怒地揭露了当时腐朽的社会制度和丑恶的社会风气，说："自己只能谋温饱无力顾家，这实在是不得已的事情，不是我目无家庭也。"

第二次被捕

☆☆☆☆☆

（24–25岁）

1925年11月7日这天，邓恩铭到东关去参加一个民众团体会，忽然看见当天的报纸上登载了一条消息：

“苏联十月革命节即将来临，届时，××、××× 等学术团体将集会庆祝……”

这是什么新闻，分明是变相向北洋军阀告密，邓恩铭感到情况不妙，会场面临危险。他正准备通知会议主持人时，警察已经冲进会场，不由分说地带走了邓恩铭等人。

邓恩铭和许多人一同被关在一间很大的牢房里。不久他患了淋巴结核，在身体溃烂的地方流出许多脓血。

酷刑、重病交加，并不能摧垮共产党人的钢铁意志。

警方虽然逮捕了邓恩铭，却不知道他的真实身份，中共山东党组织通过各种渠道千方百计进行营救。邓恩铭的堂弟媳滕尧珍也四处托亲拜友进行营救。滕尧珍曾回忆说：我们借机花了一笔钱，请了几个贵州同乡担保，经过许多周折，才把他保释就医。出狱那天，见他身体很瘦，脸色惨白，我难过地偷偷擦眼泪。他笑着安慰我:“尧珍，不要难过，我这不是好好的吗？你们见到我应该高兴才是。”

邓恩铭的堂弟媳滕尧珍给了他不少的帮助，包括传递文件、书信等。

邓恩铭被捕的消息传到贵州荔波老家后，父亲邓国琮放心不下，借钱做路费到济南来看望儿子，一路上吃了不少苦，受了不少罪，好不容易才来到济南。

邓恩铭已经出狱，父亲看到儿子，儿子看到父亲都百感交集，父亲看着虚弱的儿子，心疼地劝他，病好后千万不要在外面乱跑，万一惹出乱子来，全家人都跟着担惊受怕。邓恩铭知道跟父亲讲革命道理，他也不可能马上理解，只得好言好语安慰父亲。

父亲走后，为了免除全家的担心，他悄悄地离开黄家，来到了淄博，在一所小学担任教员，更多的时间是指导矿党组织工作。不久，他又由淄博去了寿光县，在寿光县他亲自在农村夜校教课，还自编了许多通俗上口的歌谣。但他的行动引起了寿光县当局的注意，为了他的安全考虑，寿光县党组织秘密护送他去了青岛。

出席党的“五大”

☆☆☆☆☆

（25–26 岁）

青岛党的组织在 1925 年 7 月后遭到两次破坏，反动派更加猖狂，变本加厉地摧残革命力量。这期间，中共青岛支部改为中共青岛支部干事联合会（简称“支联”）。

邓恩铭来到青岛后，针对政治形势恶劣、环境十分复杂的局面，确定了工作重心为整顿组织、积蓄力量。

对各级党的组织进行了整顿，先后恢复了四方机厂、青岛机务段党支部，在各纱厂建立了党小组。

为加大宣传，支联散发了大量的“欢迎北伐军，拥护共产党”、“打倒封建军阀张宗昌”、“反对苛捐杂税”等标语和传单。王星五亲自编印《青岛工报》、《胶东农报》等小报和传单，邓恩铭等主编出版《红旗》、《铁路工人》等宣传品，在工人和农民中散发，广泛宣传党的政策，扩大党的影响。胶澳商埠局总办赵琪惊呼“有赤化分子暗地宣传，破坏治安”。

1926 年 7 月 9 日，国民革命军正式北伐。11 月，北伐军在江西战场取得决定性胜利后，革命阵营中国共两党的分裂开始明朗化，蒋介石撕下伪装露出反共真面目，开始排挤打击共产党人。党内也产生了两种意见，一种是准备斗争，一种是妥协。山东和全国其他地方一样，一部分同志的思想开始动摇，面对着这样复杂的斗争形势，邓恩铭和许多共产党人一样，为中国革命的前途和党的命运担忧。

1927 年 3 月，邓恩铭来到武汉，准备向党中央汇报工作。这期间蒋介石公开背叛革命，发动了四·一二反革命政变。此后，全国形成了三个政权，即原来的北洋军阀政府，上海、南京的蒋介石反革命政权和武汉国民政府。面对错综复杂的矛盾和尖锐激烈的斗争，需要中国共产党对形势有清醒的认识并采取果断行动，才能挽救革命。党的“五大”就是在这种非常状态下召开的。全体党员期望这次大会能正确判断当前局势，回答大家最为关注的如何从危机中挽救革命的问题。

1927年4月27日至5月9日，中国共产党第五次全国代表大会在武汉召开。出席大会的代表有:陈独秀、蔡和森、瞿秋白、毛泽东、任弼时、刘少奇、邓中夏、张国焘、张太雷、李立三、李维汉、陈延年、彭述之等82人，代表着57967名党员。共产国际代表罗易、鲍罗廷、维经斯基等出席了大会。邓恩铭也出席了大会，大会举行期间，吴芳、邓恩铭向中共中央汇报了山东党的工作。

党的“五大”虽然批评了陈独秀的错误，但对无产阶级如何争取领导权，如何领导农民进行土地革命，如何对待武汉国民政府和国民党，特别是如何建立党的革命武装等迫在眉睫的重大问题，都未能作出切实可行的回答，因此，难以承担在生死存亡的危急关头挽救革命的重任。而真正结束中央所犯的右倾机会主义错误，制定正确的土地革命和武装起义方针，是在三个月后的八七会议上完成的。

“五大”结束后，邓恩铭继续留在武汉。这期间他遇到了一些多年不见的老朋友。毛泽东已经担任了中共中央农民运动委员会书记，正在武昌举办农民运动讲习所。在这里学习的山东学员有二三十人，丁祝华、王云生等都与邓恩铭有过密切交往，邓恩铭看望了学员，受毛泽东的邀请为

▽ 中共“五大”会址

学员介绍了山东工人和农民运动情况。

6月9日，邓恩铭参加了在汉口举行的第四次全国劳动大会。不久汪精卫又发动了七·一五政变，背叛国民革命，残酷屠杀共产党人，邓恩铭离开武汉经上海，于8月回到山东。

一段曲折道路

☆☆☆☆☆

（26–27岁）

8月下旬，山东省委在鲁北平原县召开扩大会议。因吴芳在济南遭敌人通缉，会议决定改组省委，调吴芳同志任青岛市委书记，邓恩铭任山东省委书记，丁君羊负责组织工作，王元盛负责宣传工作。会议决定在全省清党，并派巡视员到各地巡视，指导工作。

10月10日至11日，邓恩铭主持召开山东省委扩大会议，贯彻八七会议决议。在这次会议上，发生了严重争论，认为邓恩铭完全是在机会主义方针指导之下，工作方向出现了偏差。在这种情况下，会议改组了省委，选举了十一名省委委员和三名省委候补委员，卢福坦、邓恩铭、王元昌、丁君羊、傅书堂五人为常委，卢福坦接替邓恩铭担任省委书记。邓恩铭和许多党员有想法，但为了顾全大局，他还是劝说大家以团结为重。

11月9日至10日，中共中央临时政治局在上海召开扩大会议，邓恩铭代表山东省委参加会议。会议对革命形势判断不准确，对今后的工作提出了不切实际的指导原则。临时政治局又制定通过了《山东省工作大纲》。

11月中旬，邓恩铭回到山东，立即召开省委扩大会议，贯彻中央临时政治局扩大会议精神和《山东省工作大纲》。

11月28日，中共山东省常委举行第七次会议。会议对常委进行了改组，由五人减为三人，免去了卢福坦省委常委、书记职务，免去傅书堂省委常委的职务。由邓恩铭、丁君羊、王元昌三人为常委，王元昌负责宣传工作，丁君羊负责组织工作。

在一个多月时间里，省委领导机构频繁变动，可见当时党内斗争的激烈与复杂。

邓恩铭再次担任省委书记后，向中央报告了山东的情况。又以省委的名义向各地党组织发出了《党的新政策》的指示。由于受到中央临时政治局“左”倾观点的影响，“指示”中也同样带有“左”倾的观点。

在之后的一系列暴动工作中，著名的有陵县暴动、胶州一带的大刀会、坡里暴动等，都是以“左”倾的观点看待农村的暴动形势，以冒险主义指导各地的暴动工作，暴动均以失败告终。农民运动与工人运动有密切联系，有些地方农运开展得早，开展得好，一般都受到了工人运动的影响或直接是由工运骨干发动领导的。由于当时党组织及其领导的工人运动尚处在“星星之火”的状态，农民运动必然也是零星的，大部分地区还是空白。即使农运有所开展的地区，发展也极不平衡，如有的成立了农民协会，有的则正在筹备；有的农会活动开展比较活跃，个别地方的农会为维护农民利益同土豪劣绅开展了针锋相对的斗争；有的则刚刚进行组织发动，或正处在搞“娱乐”和“福利”阶段。因此，农民运动的规模和影响，与这一时期工人运动相比，是不能同日而语的，但它却是工人运动的有力支持和有效补充，在一定程度上打击和震慑了农村中的反动势力。这些暴动也沉重地打击了山东军阀的反动统治，扩大了党的影响。

1928 年 2 月 1 日，中共山东省委在坊子召开了第二次全体执委会议。会议对省委过去三个月的工作进行了批评，对工作的种种错误进行了查摆。邓恩铭等三位常委在接受批评的同时也做了答辩。至此会议总结了前一段时间的工作，对经验教训进行总结，会议是客观实际的，但这次会议仍然没有从思想上解决问题。会议改组了省委，选举卢福坦、王云生、刘俊才为常委，卢福坦为书记。对邓恩铭等三位常委给予警告处分。省委改组后，青岛市委亦进行了改组，原省委书记邓恩铭调任青岛市委书记，朱霄任组织部长，孙秀峰任宣传部长。原市执委书记吴芳调回上海党中央。

到青岛后，邓恩铭暂时住在被称为“市委之家”的甘肃路 17 号徐子兴家。

5 月 3 日上午，日本驻济南领事馆武官与国民党值勤士兵发生冲突，暗中指使特务放枪引起

枪战。日军听到枪声即倾巢出动，沿街恣意屠杀中国人。顷刻间，街道上血肉横飞，尸体枕藉。混乱之际，日军将国民党军一千余人缴械。下午，邮政局、电报局被日军占领，交通断绝，全城停业。是夜，日军强行收缴了国民党驻济南交涉署人员枪械，并将战地政务委员会外交处主任兼山东交涉员蔡公时等17人残酷杀害。日军在济南的暴行，史称“济南惨案”（亦称“五三惨案”）。5月8日、10日，日军炮轰济南市区。一连数日，济南成了日军的杀人场。据不完全统计，被杀害的中国军民约六千余人。

日本帝国主义野蛮的侵略行径，激起了全国人民的极大愤怒。5月9日，中共中央连续发出《中国共产党反对日兵占据山东告全国民众》和《中央通告第四十五号五三惨案后的反帝斗争》两个重要文件，要求各地立即行动起来开展反帝运动。

邓恩铭带领党员、团员深入工厂、学校组织工人、学生开展反对日本帝国主义的斗争。5月10日，青岛各界民众为反对日军在济南大肆屠杀中国军民，举行游行示威，仅钟渊纱厂就有三千多名工人参加，游行队伍捣毁了日本领事馆，并高呼“打倒日本帝国主义”、“取消领事裁判权”、

“关税自主”、“抵制日货” 等口号，张贴并散发了几千份标语、传单。胶济铁路总工会还散发了《告全路工友书》，号召全路工友不替日本帝国主义运兵运枪炮，并提出：日军立即停止枪炮射击；一星期内日军撤出山东；严惩主使炮轰济南的日军官长；赔偿济南所受的一切损失；取消日本帝国主义在山东的一切特权；恢复济南一切交通等六项条件。

5月20日，邓恩铭等根据省委决定，组织开展反日宣传周活动，组织党团员16人参加行动小组，在夜间散发反日传单画报，在街头墙壁上书写反日标语。

7月，邓恩铭调回省委，市委的工作暂由王进仁负责。

满腔热血洒沃土

（1928—1931）

㊀ 第一次越狱

☆☆☆☆☆

（28 岁）

1927 年，王复元为追求个人享受，贪污了从党中央带回给山东党组织的一千元经费，事情败露后，受到党组织的批评和处分。他不仅不思悔改，反而怀恨在心，最后发展到叛变投敌。

王复元在山东省委担任过重要职务的胞兄王用章（叛变后改名王天生），也相继叛变投敌。王复元、王用章投敌叛变后，纠合一小撮叛党分子和被党组织清除出去的渣滓，成立了清共委员会和捕共队，疯狂地破坏党组织，山东党组织损失惨重。

1928 年 7 月，邓恩铭调回省委后在淄博矿区负责党的工作。12 月，邓恩铭被叛徒王复元出卖第三次被捕。相继被捕的还有省委的一批重要干部。

邓恩铭不顾个人安危及时通知王复元可能认识的同志转移。1928 年的一天晚上，邓恩铭来到余修的秘密住处，他的住处是保密的，因为没有和邓恩铭有直接的工作关系，他的到来让余修感到意外。邓恩铭告诉他王复元已经叛变，省委决定，把王复元所认识的人尽快疏散转移。说着，掏出十元钱塞给余修，要他清理一下，晚上就离开这里，先到青岛。又特别嘱咐余修："通知徐子兴同志，要及早作准备，应付这急变的局面。并把有关情况转告他。"余修躲过盘查，踏上了东去的火车。

邓恩铭等人被捕后，关押在济南省府前街的警察厅拘留所内。堂弟媳滕尧珍在回忆中说：

恩铭第二次被捕我们是从他狱中写出的信里知道的。我当即带了些钱和衣物去看望他。狱中看守很多，到处岗哨林立，看守更加严密，阴森可怕。大哥全身带着镣铐，行动很不方便，脸上深深地印着皮鞭抽打的伤痕，比过去显得更加苍老了，但他仍很有精神。

可见邓恩铭在狱中同敌人做了不屈不挠的斗争。

被捕后，邓恩铭对斗争形势进行了分析和判断，认为想顺利出去是不可能的，必须靠斗争。从入狱那天起，他就挑起了组织狱中难友斗争的重任。

邓恩铭、何自声、杨一辰等同志研究，在发动犯人进行要求改善生活待遇的同时，利用济南日寇撤兵和国民党接受济南的交接时机，发动越狱斗争。邓恩铭的这一主张立即得到监狱绝大多数党员的拥护。

随后，邓恩铭和杨一辰等就秘密进行组织准备工作。当时被捕的党员分四个囚室，杨一辰、朱肖等关在拘留所东北角一间囚室内，对面关押的是邓恩铭等人。在关押杨一辰的囚室中，还关押着16名土匪犯。这些人多是直鲁联军的军官，个个胆大力壮，且通军事，能打善战。这些匪徒是进行越狱时可以利用的重要力量。杨一辰等对他们进行教育，有个土匪头子李殿臣不仅赞同而且表示愿意带头冲锋开路，他很愿意去做其他土匪的工作。

由于分为四室相互联络有一定的困难，越狱的组织领导、越狱后的疏散方向等问题都没有做周密的计划。正在这时，越狱计划不慎被关押在杨一辰同室的一个不坚定分子得知，企图向敌人告密。

土匪头子李殿臣虽被我们争取，但其人生性鲁莽，处事不慎，竟在总的越狱计划未决定之前贸然行动，仓促举事了。

1929年4月19日晚8时许，几个"犯人"说是要上厕所。就在看守警察打开囚室门的时候，"犯人"一下子把警察打倒了，缴了十几条枪，鸣枪举事。这时杨一辰、李宗鲁和朱肖三人也不得不同时行动。

其他囚室的同志没有思想准备，甚至连镣铐也没来得及打开，自然也就无法参加行动了。

杨一辰等三人跟着土匪从东大门的南墙壑处跳跃而出。这些土匪经过了长期的监狱生活，一旦自由，犹如脱缰的野马，猛不可挡。马路上的警察企图拦捕时，当即被打死打伤各一名。接着便夺路向章丘方向逃散。

当时，杨一辰还穿着棉鞋，行走困难，跟不上大队，于是混入市民中，而后又隐蔽在他父亲的老师家中，于第二天出城，第三天又取道天津去大连，从此脱险。

李殿臣等土匪们逃至枣园寺时，却停滞不前，暴露了身份，跑至章丘就被追兵赶上，重又被捕回。李宗鲁、朱肖也同时被捕回。

第二次越狱

☆☆☆☆☆

（28—29岁）

第一次越狱失败后，敌人更加变本加厉地迫害革命同志，生活条件也更加恶劣，根本吃不饱。为了改善生活条件和政治待遇，邓恩铭在狱中先后领导了两次绝食斗争。第一次是敌人用腐烂的高粱面做饭，又苦又涩，吃时咽不下，咽下了又拉不出来，不少人都吃出了病。第二次是济南发大水，敌人用装小米的麻袋堵水，泡湿的米很快烂了，敌人就叫他们吃这些腐烂的小米。由于大家齐心协力，组织得好，两次绝食斗争都取得了胜利，打击了敌人的嚣张气焰。

邓恩铭等开始筹划第二次越狱。在这次越狱行动之前，狱中的同志很好地研究了上次越狱失败的教训，从而把这次越狱的准备工作做得极为细致。在酝酿二次越狱时，秘密计划被自首分子探知了，面对这一紧急情况，邓恩铭召集大家采取声东击西的战术迷惑敌人。

何自声、武胡景故意公开说，越狱要说干就干，不干就马上停止，并且列举了许多困难，邓恩铭则当众宣布“停止这一冒险行动”。与此同时加紧进行越狱的准备工作。首先成立了领导核心，由邓恩铭、纪子瑞等五名同志组成，然后开展工作，接着又把参加越狱的同志强弱搭配组成三个小队，队队之间相互配合，各有分工。同时，对越狱行动时的讯号以及越狱后的疏散方向等问题也都做了研究。

在这次越狱的准备工作中，邓恩铭发挥了至关重要的作用。这次越狱出逃的何自声于1929年8月编写的《我们从反动监狱中自己释放出来了》一文中，对邓恩铭发挥的作用和地位给予了充分肯定。他说：

在这次事件里面，恩铭同志就是在狱中同志最信任的。因为恩铭同志在山东是资格最老的，而在同志中都很听他的话，所以我不过是影响他帮助他来干这个工作。如果当时由我一个人或者其他同志指挥，我相信没有这么大的力量。这件事在我们已经逃出的来说是成功，在未逃出来的同志来说是失败，在整个的说来是没有完全达到目的。无论是怎样，这一工作的功绩我们要推崇恩铭同志是一个主要动力，在他的坚决耐心的精神下做出这件事是不可否认的。

由于敌人允许政治犯与家人通信，他们就越狱斗争问题与山东党组织进行了联系。党组织为策应越狱行动准备了锯条等工具，通过家属探监的机会秘密带到狱中。吴克敬又利用这一制度，秘密把用于清洁厕所的石灰弄出，装成一个个小袋，伪装成书信放于信插，由每个同志以领信为名悄悄带进牢房，作为越狱时的特殊武器。

为解决越狱疏散的路费问题，除参加越狱的每个党员把零钱集中起来统一使用外，何自声把自己的一只金兜链，通过看守变卖了 80 元，自己留用 20 元，其余完全分配给各难友。

正在这时，敌人又要组织特别军法会审委员会，对已判刑的政治犯重新审判，并且要轻判重、重判死。同时，因为何自声是中央派来的干部，敌人特别重视，准备把他单独提到南京受审。邓恩铭、武胡景、何自声经过研究，认为越狱的准备已大体就绪，因此便决定提前越狱。

越狱这天是星期日。晚饭后，大部分看守人员都交班休息去了。就在这时，第一分队首先冲出囚室，打倒了看守。第二分队、第三分队也马上行动。一包包石灰撒向狱卒，他们哇哇直叫，睁不开眼睛。

三个分队总共十八人，一下子冲出大门，逃到了大街上。

这时，狱卒们才如梦初醒，一面打电话向上级报告，一面持枪追捕。

第一个被抓回来的是邓恩铭。他患结核病，体质甚差，虽有身强力壮的王永庆扶着他，毕竟行走不快。

另十人也终因体力不支，路途又不熟，被看守追回。

中国共产党中央派往山东工作的何自声幸运逃脱。另五位体力较好的也终于脱险。只有刘昭章逃到亲戚家，被叛徒告密，又抓了回去。这样，十八人之中，脱险六人。

这次越狱，使看守长受到上司严厉责问，以致作为“渎职”而被枪毙。这次越狱斗争，在全国造成了很大影响，当时许多报纸纷纷报道，称之为“济南巨案”。

英勇赴法场

☆☆☆☆☆

（30岁）

从此，监狱加强了看守，越狱已无希望。邓恩铭心中坦然，他早在1917年7月所作《述志》一诗中，便已表示“不顾安危”，把一切都置之度外：

南雁北飞，去不思归，
志在苍生，不顾安危；
生不足惜，死不足悲，
头颅热血，不朽永垂。

1931年初，形势发生急剧变化，邓恩铭等出狱的希望化为泡影。蒋介石下令韩复榘去江西“剿共”，欲借共产党的手铲除异己。韩复榘看清了蒋介石的阴谋，为了保存实力，称山东“共匪”也很猖獗。为了证明其话，专门成立了临时军法会审委员会，由国民党山东省党部主任张苇村任委员长兼审判长。国共合作时期，邓恩铭、张苇村彼此熟悉。在狱中，邓恩铭一直用“黄伯云”之名。历经审讯，法官并不知道他是中国共产党山东省委书记邓恩铭。

直至1931年春，在审讯时忽闻有人直呼他“邓恩铭”。他举眸望去，正与张苇村四目相对。看到张苇村那得意忘形的神态，不由得十分厌恶，他冷冷地说：“我就是共产党员邓恩铭！”

张苇村凶相毕露地说：“难道你不想活吗？”

他自知难免于死，泰然自若地说：“我今天犯在你的手下，没话说——我在鬼门关等你！”

邓恩铭自知余日不多，1931年3月在给母亲的最后一封家书中，写下一首诗：

卅一年华转瞬间，壮志未酬奈何天；

不惜惟我身先死，后继频频慰九泉。

1931年清明节——4月5日清晨6时，一群军警涌进监狱开始点名提人，共计22人。

邓恩铭面对死神，正义凛然。他们互相告别，挺身走出牢房。邓恩铭和战友们一边走一边高呼“中国共产党万岁！”“打倒国民党反动派！”口号划破黎明前的黑暗。

他们一路高唱《国际歌》，高呼“打倒帝国

主义”。最后，在连连高呼“中国共产党万岁”的口号声中，邓恩铭为中国革命、为共产主义事业献出了宝贵的生命。

中国少数民族中最早的共产主义战士，水族人民的优秀儿子邓恩铭，虽然仅仅 30 岁，却为中国人民的解放事业鞠躬尽瘁，为共产主义事业作出了杰出的贡献。

△ 邓恩铭墓

后 记

不会忘记

《水族人民的好儿子邓恩铭》的书稿编写完了，心情颇有些沉重。在我的眼前，是邓恩铭为了民族独立、人类解放和党的事业，赴汤蹈火、视死如归的形象。

在我的眼前，呈现的是一幅共产党人浴血奋斗、舍生忘死的壮烈画卷，是一幅众多革命先烈令人为之壮怀激烈的英勇壮举。

每读一次，都能让我双眼满含泪水。

每读一次，都能让我感动和感慨。

每读一次，都能让我难忘和敬仰。

正是有了像邓恩铭这样的革命先烈，才有了中华民族挺直的脊梁。

正是有了像邓恩铭这样的革命先烈，才有了中国革命一曲曲气壮山河的英雄壮歌。

正是有了像邓恩铭这样的革命先烈，才有了惊天地泣鬼神的英雄故事。

正是有了像邓恩铭这样的革命先烈，才有了先辈用身躯铺就的革命道路。

光阴荏苒，革命先烈邓恩铭为了追求真理、为了人民的解放而赴汤蹈火的战争年代渐渐远去，那些遗物已走进纪念馆，那些故事也凝固成历史。新的时代处处洋溢着和谐的气氛，但我们不能忘记，革命先烈抛头颅、洒热血，前赴后继，为党和人民建立的卓著功勋，也永远不能忘记他们用鲜血和生命铸就的民族精神，永远不能忘记他们矢志不渝的遗愿和追求。

“不惜惟我身先死，后继频频慰九泉。”今天，可以告慰革命先烈的是：在他曾经为之流血的地方，有无数的后来人，正在用全新的思维、坚定的勇气延续着他为之献出生命的伟大事业。

为人民利益而死，重于泰山。人民不会忘记。

新中国建立后，山东省分别在济南市、青岛市建立了邓恩铭烈士纪念馆。贵州省将其故居列为重点文物保护单位。党和国家领导人作了重要题词。

江泽民同志 1991 年 9 月 10 日题词：

学习邓恩铭烈士追求真理献身革命的崇高精神！

陈云同志题词：

邓恩铭烈士永垂不朽！

乔石同志 1994 年 6 月题词：

弘扬烈士精神，开拓前进，振兴荔波！

司马义·艾买提同志题词：

革命的先驱，民族的骄傲！

4月5日，是邓恩铭就义的日子，也是我们永远悼念先烈的清明节。烈士的鲜血，沃育着大地，浇灌着祖国希望之花。1989年4月5日，在邓恩铭烈士牺牲58周年之际，就在纬八路刑场北侧的青年公园内，济南四五烈士纪念碑落成，碑文写着：

公元一千九百三十一年四月五日
一个风雨如晦的日子
为了民族的解放，为了崇高的理想
邓恩铭、刘谦初、吴丽实、郭隆真等一批优秀共产党人
把满腔热血
洒在这片土地上
今天，八十年代的青少年和各界人士
自愿捐资修建了这座纪念碑
说明，人民不会忘记他们
更说明青少年一代
决心走他们未走完的道路
为民族的振兴
为实现共产主义的伟大理想
献出自己的光和热

烈士家乡的人民依旧怀念自己骄傲的儿郎。1991年秋，贵州省水家学会在荔波召开第二届年会时，到会代表瞻仰烈士故居后，

一位水家后人留下这样的题诗，表达了大家的心声：

秋月皎皎，朝日彤彤。

恩铭之风，月明日红。

邓恩铭的崇高品质，如日月经天；邓恩铭的光辉形象，如挺拔苍松巍然屹立；邓恩铭所献身的伟大事业，永远彪炳于中国革命史册；邓恩铭永远活在各族人民的心中。中国共产党领导中国革命取得了伟大的胜利，改革开放又使祖国蒸蒸日上而雄踞于世界东方，烈士的故土也发生了深刻的变化，这一切足以告慰九泉之下的烈士英灵。